마오쩌둥어록

Copyright © 2007 by Chang Ge
All rights reserved.
Korean translation copyright©2010 by Big Tree Publishing Co.
Korea translation rights arranged with iF Culture Publishing Co., Ltd.
through M.J.Agency. & Imprima Korea Agency

이 책의 한국어판 저작권은
Imprima Korea Agency와 MJ Agency를 통해 iF Culture Publishing Co., Ltd.
와의 독점 계약으로 큰나무 출판사에 있습니다. 저작권법에 의해 국내에서 보호를
받는 저작물이므로 무단 전재와 복제를 금합니다.

마오쩌둥어록

세월이 흐를수록
빛을 발하는 붉은 처세

장거 지음 · 박지민 옮김

큰나무

목차

서문 | 수난의 앞길을 비추는 붉은 사상 • 6
마오쩌둥 • 8
마오쩌둥 중대사 연표 • 13
마오쩌둥 어록의 진수 • 21

1장

도약

01 배움　배우고 또 배워 앞으로 나아가라 • 24
02 시야　아무리 큰 우물이라도 하늘보다는 작다 • 35
03 관찰　한번 더 생각하라. 고민하고 예측할수록 지혜가 나온다 • 49
04 목표　전체 상황을 이해하지 못하면 그 일은 절대 성공할 수 없다 • 58
05 준비　다리가 없고 배가 없으면 강을 건널 수 없다 • 67
06 열정　세상에서 가장 두려워해야 할 것은 진지함이다 • 77
07 시도　정녕 할 수 없는 일은 억지로 하려고 들지 마라 • 90

2장

분투

08 좌절　실수와 좌절을 겪고 지혜를 얻는다 · 98
09 장애　빛나는 날로 나아가는 길은 굽이굽이 사연도 많다 · 108
10 의지　결심을 했으면 희생을 두려워하지 마라 · 120
11 담력　힘든 일은 눈앞에 놓인 무거운 짐을 지고 걷는 것과 같다 · 135
12 가능　무슨 일이든 움켜쥐고 내 것으로 만들어라 · 145
13 노력　행운에 기대고, 남의 도움으로 이기려는 마음을 버려라 · 156
14 실행　말만 늘어놓지 말고 실천가가 되어라 · 166
15 전력　일이란 투쟁이다 · 174

3장

화합

16 친구　분열하지 말고 단결하라 · 196
17 사랑　세상에는 이유 없는 사랑 없고, 이유 없는 미움 없다 · 212
18 겸손　아무리 많은 공을 세웠더라도 절대 교만해서는 안 된다 · 221
19 중용　우리에게 필요한 것은 열정과 냉정, 긴장감과 원칙이다 · 231
20 사고　사상은 변화하는 상황에 따라 바뀌고 적응해야 한다 · 238
21 이상　제대로 가려면 멀리 보라 · 245

수난의 앞길을 비추는 붉은 사상

중국은 개혁개방 이후 해마다 초고속 성장을 해왔다. 현재는 전 세계의 이목을 한몸에 받는 경제 대국으로 위용을 떨치고 있다. 각국에서 엄청난 자금이 몰려들고, 성공을 꿈꾸며 문을 두드리는 이가 넘쳐나지만 현실은 그리 녹록지 않다. 중국을 제대로 이해하지 못하고 덤벼든 수많은 사람이 성공은커녕 패배의 쓴잔을 맛보고 빈손으로 되돌아갔다.

중국 역사에서 마오쩌둥만큼 이슈와 토론거리를 가지고 있는 인물은 찾아보기 어렵다. 그가 남긴 공과 실에 다양한 평가가 있지만, 마오쩌둥의 독특한 사상이 중국의 운명을 바꾼 것은 물론 세계 역사 발전에 지대한 영향을 미친 사실은 누구도 부인할 수 없다.

마오쩌둥의 사상은 넓고 깊으며 지혜가 가득하다. 이는 중국 인민 개개인의 삶에 큰 지표가 되었다. 그는 세상을 떠났고 중국 사회는 급변했지만, 마오쩌둥의 사상과 지혜는 여전히 되돌아볼 가치가 있다. 당시에 비하면 영향력은 다소 약하지만 중국 사회에 깊숙이 녹아든 마오쩌둥의 사상은 현재에도 빛을 발한다.

《마오쩌둥 어록》은 중국인의 삶에 지대한 영향을 미쳤다. 붉은색 책자를 펼치면 마오쩌둥의 사상과 지혜가 짧게는 몇 자, 길게는 수십 자의 짧은 문장 하나하나에 묻어나온다. 그의 사상과 지혜는 어두운 밤길을 밝히는 등불과 같이, 어려움에 처한 수난의 앞길에 환한 빛을 비춰 인생의 방향을 인도할 것이다. 삶에 지주로 삼을 사상이 없다면, 그 인생은 날개 잃은 새와 같이 추구하는 목표를 잃은 것과 마찬가지다.

  이 책은 마오쩌둥 어록 가운데 21개를 엄선하고, 그의 사상을 쉽게 이해하고 받아들일 수 있게끔 다양한 예시를 들어 설명했다. 이를 통해 자신의 가능성을 발견하고, 인생의 방향을 잡길 바란다.

마오쩌둥 |毛澤東, 1893년~1976년|

마르크스주의 추종자이며, 프롤레타리아계급 혁명가, 전략가, 이론가로 중국공산당, 중국인민해방군과 중화인민공화국을 일으킨 지도자이다.

1893년 12월 26일 중국 후난성湖南省 샹탄湘潭의 농민 가정에서 태어난 마오쩌둥은 후난 제1사범학교를 졸업, 차이허썬蔡和森 들과 함께 혁명단체인 신민학회를 조직하면서 중국 변혁을 향한 첫 발걸음을 내딛는다. 그 후 5·4 운동을 전후해서 마르크스주의를 접하게 된다.

1921년 7월, 마오쩌둥은 중국공산당 제1차 전국대표대회에서 후난 지역 위원회 서기를 맡으면서 창사 등지에서 노동자 운동을 이끌기 시작한다. 1924년 국공합작 후 국민당 1, 2차 전국대표대회에서 중앙 집행위원회 후보로 선정되었고, 광저우 국민당 중앙선전부 부장을 맡았고, 〈정치통보政治通報〉를 편찬한다.

국공합작이 결렬된 후, 1927년 8월 중국공산당 중앙긴급회의에서 그는 '정권은 총에서 얻어진다'고 제기하면서 무장혁명으로 정권을 취하자는 사상을 설파했고, 중앙정치국 후보위원으로 당선된다.

1928년 주더朱德와 함께 농공農工혁명군(후에 홍군紅軍으로 바뀐다) 제4군을 조직한다. 이 농공혁명군을 통해 그는 국민당 정권 통치 시 상대적으로 소외받았던 농민 계급의 무장투쟁을 통해 '농촌이 도시를 포위하고, 최후에는 도시와 전 중국이 공산화된다'라는 이론을 펼치며 그만의 길을 걷게 된다.

1935년 1월 중국공산당 중앙정치국 구이저우성貴州省 확대회의(준이遵義회의)에서 마오쩌둥을 대표로 하는 새로운 중앙 지도자 체제가 확립된다. 이듬해 12월 마오쩌둥과 저우언라이周恩來 등은 시안西安사변을 평화롭게 해결하면서 오랫동안 지속되었던 국민당과의 내전을 잠시 중단하고 제2차 국공합작을 이루어내 함께 항일운동을 펼치게 된다.

항일투쟁이 시작되면서 그가 이끄는 중국공산당 중앙은 통일전선에서도 독립과 자주 원칙을 고수하면서, 민중을 선도해 유격전투를 이끌어내 수많은 항일투쟁 근거지를 확보한다.

1945년 중국공산당 제7차 전국대표회의에서 마오쩌둥은 '군중을 일으키고, 인민의 힘을 키워, 당의 지도하에 일본 침략자를 물리치고, 전국 인민을 해방시켜, 신민주주의 중국을 건설한다'라는 전략을 제출한다. 그리고 이 대회를 통해 마오쩌둥 사상이 중국 공산당 지도 사상으로 확정된다.

항일전쟁의 승리 후, 중국공산당과 기타 무장 세력을 와해시키려는 국민당 장지에스張介石의 움직임에 중국 공산당 역시 적극적인 전략을 구상한다.

1945년 8월 충칭으로 건너가 장지에스와의 담판에서 마오쩌둥은 중국공산당은 중국의 평화를 바란다는 입장을 전달한다.

1946년 여름, 결국 국민당과 공산당의 전면적인 내전이 시작된다. 마오쩌둥, 주더, 저우언라이 등이 이끄는 중국공산당 인민해방군의 최초 전략은 적극적인 방어였다. 그러나 1947년 여름, 중국 공산당은 방어에서 적극적 공격으로 전략을 180도 수정한다. 그리고 그가 이끄는 중국공산당 인민해방군은 3대 전투와 1949년 4월 장강을 넘는 대장정을 승리로 이끌면서 국민당 정부를 와해시킨다.

1949년 10월 1일, 중화인민공화국이 설립되고 마오쩌둥은 중앙인민정부의 주석에 오른다. 1950년 한국전쟁이 발발하고 미국의 참전으로 중국 동북부가 위협을 받자 결국 10월에 한국전쟁 참전을 결정한다.

1954년 제1회 전국 인민대표대회 1차 회의에서 마오쩌둥이 초안을 잡은 '중화인민공화국 헌법'이 통과되고, 동시에 그는 임기 5년인 중화인민공화국 제1대 주석의 자리에 오른다.

1958년 '대약진 운동'과 '농촌인민공사운동'을 실행한다.

1966년 중국 내 계급투쟁 상황에 대처하기 위한 극단적인 방법으로 마오쩌둥은 '문화대혁명' 운동을 시작한다. 문화대혁명은 린비아오林彪, 장칭江靑 등에 의해 주도되면서 마오쩌둥이 예상했던 상황을 넘어 광폭하게 변질되어 더 이상 그가 통제할 수 없는 상황에 이른다. 문화대혁명은 장장 10여 년간 지속되면서 중국의 정치, 경제, 문화, 역사 등 모든 방면에 엄청난 파괴와 손실을 가져온다.

그러나 해외정책 분야에서 마오쩌둥은 다양한 전략 전술로 중국의 입지를 다지고, 이전보다 유연해진 대외정책을 마련하면서 중국 현대화에 유리한 국제적 조건을 다진다.

1976년 9월 9일 베이징에서 마오쩌둥은 세상을 떠난다.

마오쩌둥은 말년에 문화혁명을 일으키면서 커다란 과오를 범했지만 전체적으로 그의 삶을 평가한다면, 그의 공로가 중국 혁명에 있어 과오보다 훨씬 더 크다. 그 때문에 그는 여전히 중국 인민의 아버지로서 숭배와 존경을 받고 있다.

중국공산당은 그가 세상을 떠난 뒤 5년 후, 중앙위원회 결의 형식으로 그의 혁명 활동과 사상에 대해 다음과 같은 평가를 내렸다.

"마오쩌둥의 사상은 중국에서의 마르크스주의가 체현 발전된 모습이며, 여전히 중국공산당의 지도 사상이다."

마오쩌둥 중대사 연표

1893년 12월 26일	후난성 창사 샹탄湘潭현縣 농민 가정에서 출생.
1902년~1909년	집과 고향에서 중국 전통 계몽 교육을 받다.
1910년	가을 후난성 샹샹湘鄕현縣 동산고등소학교에 입학. 그 기간 동안 캉유웨이와 량치차오의 개량주의 사상의 영향을 받게 된다.
1911년	봄 창사 샹샹현에 있는 후난성 중학에서 학업. 동맹회 〈민립보民立報〉의 영향을 받아, 쑨원과 동맹회의 강령에 동의한다는 내용의 글을 발표한다.
1911년 10월	신해혁명의 영향을 받아 후난성 신군에 입대하지만 6개월 뒤 퇴역.
1913년	봄 후난성 제4사범학교 예과에서 공부.
1914년	가을 후난성 제1사범학교에 본과 제8반에 편입. 이곳에서 교사 양창지楊昌濟 등의 영향으로 〈신청년新靑年〉의 애독자가 되고, 천두시우陳獨秀, 후스胡適 등을 숭배하게 된다.
1918년 4월 14일	수쯔셩肅子升, 허슈헝何淑衡, 차이허썬蔡和森 등과 함께 신민학회新民學會 설립.
1918년 6월	후난성 제1사범학교 졸업.
1919년 5월	5·4 운동에 호응해 후난학생연합회를 발기하고, 후난성 학생들의 반제국애국 운동을 이끈다.
1919년 10월 5일	어머니가 병으로 세상을 떠나다.

1920년	겨울 양카이후이楊開慧와 결혼.
1921년 7월 23일 ~8월 초	상하이에서 열린 중국공산당 제1차 전국대표대회에 참석.
1924년 1월	중국국민당 제1차 전국대표대회에 참가해 중앙집행위원 후보에 선정.
1924년 10월	국민당 중앙선전부 대표부장에 선정.
1927년 8월 1일	난창南昌기의.
1927년 8월 7일	중국공산당 중앙이 한구漢口에서 연 긴급회의에 참석해 '총에서 정권이 나온다'라는 사상을 제출하고 임시 중앙 정치국 후보위원에 당선.
1928년 5월	2개의 지부대를 합쳐 편성한 농공혁명군 제4군당 대표, 군위원회 서기로 선정된다.
1929년 1월	주더朱德, 천이陳毅 등과 홍군 제4군 주력부대를 이끌고 후난과 복건성 서쪽으로 진군해 1930년 봄에 이곳에 혁명 근거지의 발판을 마련한다.
1930년 1월	〈별빛은 들판을 비칠 수 있다〉라는 글을 발표하고, '농촌이 도시를 포위한다'라는 전술과 '무장으로 정권을 얻자'라는 사상이 중국 혁명 길의 이론이 되어야 한다고 주장한다.
1932년 4월 15일	〈대일 전쟁선언〉 발표.
1935년 10월 19일	홍군 산시성, 간수성 지역 부대를 이끌고 산시성 바오안에 도착하면서 홍군의 대장정은 승리로 막을 내린다.

1935년 12월	산시성에서 열린 중국공산당 중앙정치국 회의에 참석. 회의에서 항일 민족통일전선이라는 전략 확립.
1936년 1월 25일	저우언라이周恩來, 펑더화이彭德懷 등 20명의 홍군 장군과 연합으로 〈동북군과 연합해 항일전쟁 벌이기를 원하는 홍군이 동북군 전체 병사에게 드리는 글〉을 제출해 국방정부와 항일연합군의 구체적 결합방법을 제출하고, 서로 대표를 파견해 공동으로 협상하자고 건의한다.
1936년 3월	국민당 난징정부에 내전을 중지하고 함께 일본과 싸우자는 5가지 의견을 제출.
1936년 12월	장쉐량張學良, 양후청楊虎城이 서안에서 군사 훈련을 실시하면서 장개석을 구금한다. 마오쩌둥과 중국공산당 중앙은 당시 복잡한 정치상황을 분석하고 서안사건을 평화적으로 해결하기로 결정, 이에 저우언라이를 파견해 서안 담판을 이끌어내 평화적으로 마무리한다.
1937년 1월 13일	마오쩌둥과 중국 공산당이 옌안延安에 주둔한다.
1937년 7월 7일	일본에 의해 노구교盧溝橋 사변이 일어나면서 중국 전역에서 항일 전쟁이 시작된다.
1937년 8월 25일	주더와 저우언라이가 연명으로 홍군을 국민혁명군 제8로군으로 이름을 바꾼다는 명을 내린다. 그 후 8로군을 지도해 항일 전선에 뛰어든다.
1941년 상반기	완남 사변 발생.
1944년 6월~8월	서북 지역 참관단으로 온 외국 기자들과 연안에 있는 미

	국 관찰조와의 여러 차례 회담을 통해 중국공산당의 항일전쟁 정책과 국민당, 공산당의 관계 등 문제에 대해 이야기한다.
1945년 4월 23일 ~6월 11일	중국공산당 제7차 전국대표회의를 주최한다. 이 회의에서 마오쩌둥의 사상을 전 당의 통일된 지도방침으로 확정한다.
1945년 8월 28일	충칭으로 가서 장개석과 평화 협상을 벌인다.
1945년 9월 2일	일본 정부가 정식으로 투항서에 서명하면서, 항일전쟁은 승리로 끝을 맺는다.
1946년 6월 26일	국민당 군대가 중국 중원 해방지역으로 진군하면서, 전면전 내전이 시작된다.
1947년 3월 18일	중국공산당 기관 및 인민해방군 총부는 옌안을 떠나 산시성 북부로 진군한다.
1947년 3월~8월	서북 야전군을 이끌고 각지의 전투를 승리로 이끌면서 산시성 북부 해방구의 중요 거점에서 국민당을 몰아낸다.
1948년 3월 23일	산시성 북부 전선의 전쟁은 끝이 나고, 동쪽으로 황하를 넘어 화북 지역으로 진격한다.
1949년 3월 25일	중국공산당 기관과 인민해방군이 베이징에 입성한다.
1949년 4월 23일	인민해방군이 난징을 정복한다.
1949년 10월 1일	중화인민공화국 설립.
1949년 12월 16일	모스크바로 가서 소련과 정상회담.

1950년 2월 14일	〈중·소 우호동맹 조약〉에 서명.
1950년 10월 8일	중국 인민지원군 조성을 발표하고 지원군을 한국전쟁에 파병한다.
1951년 10월 12일	《마오쩌둥 선집》 제1권 발행. 제2권과 3권은 각각 1952년 4월, 1953년 4월에 발간된다.
1951년 12월	부패 반대, 낭비 반대, 관료주의 반대라는 '三反' 운동을 펼친다.
1952년 1월 26일	중국공산당 중앙이 五反 운동 전개를 지시한다. 부정 반대, 탈세누세 반대, 국가재산 손실 반대, 공업재의 유출 반대, 국가경제정보 유출 반대.
1953년 7월 27일	한국과 북한 휴전협정에 서명.
1954년 1월	항주에서 중화인민공화국 헌법 초안 작성 시작.
1955년 6월 9일	천안문 인민영웅기념비에 '인민영웅은 영원히 사라지지 않는다'라는 시를 제사題詞.
1956년 4월 27일	화장제 실시안에 서명.
1956년 4월 28일	중국 공산당 중앙정치국 확대회의에서 '백화제방, 백화쟁명' 방침 확정.
1960년 3월	광저우에서 《마오쩌둥 선집》 제4권이 편집, 9월에 출간.
1963년 2월 11일 ~28일	중국 공산당 공작회의가 열리고, 회의에서 농촌에 '四淸' 운동 실행과 도시에 '五反' 운동 실시를 확대할 것을 결정.
1964년 10월 16일	중국 최초 원자폭탄 실험 성공.

1965년 11월 초	'새로 상영하는 역사극 〈해서패관〉을 평한다'라는 글을 발표하도록 허가해 줌으로써 '문화대혁명'이 시작된다.
1966년 5월 16일	중국 공산당 정치국 확대회의에서 마오쩌둥이 제정한 〈중국 공산당 중앙위원회 통지〉가 통과된다. 이는 당시 당과 중국 국가 정치 상황에 엄중한 잘못을 가져온 선택이었다.
1966년 8월~12월	중국 공산당 8회 11차 전국 대표자회의에서 리우샤오치劉少奇, 덩샤오핑이 비판을 받는다. 5월 중앙정치국 확대회의와 여러 차례 회의를 통해 문화대혁명이 전면적으로 발동됨을 알린다.
1967년 1월 ~2월 16일	상하이에서 '1월 혁명'을 지지하면서 이후 전국에 광풍이 몰아친다.
1967년 2월 11일	국가 원로들이 린비아오林彪, 쟝칭江靑 등의 지나친 역행 정책과 문화대혁명에 대한 잘못된 점을 지적하며 강하게 비판한다. 이에 마오쩌둥은 심한 불만을 표시했다.
1967년 6월 17일	중국 양성자탄 폭발 실험 성공.
1968년 12월 22일	'지식 청년은 농촌으로 가서 가난한 농민 품에서 다시 교육받아야 한다'라는 지시가 인민일보에 발표된다. 이에 수많은 지식 청년이 농촌으로 향하기 시작한다.
1970년 4월 24일	중국 최초 인공위성 발사 성공.
1970년 12월 19일	미국 닉슨 대통령 중국 초청.
1971년 9월 13일	저우언라이 등이 린비아오의 반역 도주 사건을 과단성 있

	게 처리한다.
1971년 10월 25일	26회 UN에서 중국을 UN에서 합법적 권리를 행사할 수 있도록 하는 데 동의하고, 이에 타이완 대표는 UN에서 물러난다.
1972년 2월 21일	미국 대통령 닉슨 중국 방문. 28일 상하이에서 중·미 관계 정상화 결정.
1972년 9월 27일	일본 수상과의 회견. 29일 중·일 양국은 일본과 중국의 외교가 정상화되었고, 외교관계가 성립되었음을 발표한다.
1974년 1월 18일	〈린비아오와 공맹의 도〉라는 글이 발표 허가를 받으면서, 다시 '비판 린비아오, 비판 공맹' 운동이 시작된다.
1974년 7월 17일	중국공산당 중앙정치국 회의에서 왕훙원王洪文, 장춘치아오張春橋, 쟝칭, 야오원웬姚文元 4인방의 활동을 비판하면서 처음으로 4인방 문제가 정치국에서 대두되었다.
1975년 5월 3일	베이징에서 열린 중앙정치국위원회 담화에서 마르크스 레닌주의를 강조하며 단결과 공명정대를 이야기하며 다시 한번 4인방을 비판한다.
1976년 1월 8일	저우언라이가 베이징에서 세상을 떠난다.
1976년 3월 하순 ~4월 5일	베이징 시에 백만 명이 넘는 시민이 운집해 몇 날 며칠 천안문 광장에 모여 헌화, 헌사하며 저우언라이의 죽음을 애도함과 동시에 4인방을 성토한다. 이때 마오쩌둥은 '천안문사건'을 부정적으로 보고한 보고서를 비준함으로써 다시 한번 잘못을 범한다.

1976년 7월 6일   주더가 베이징에서 세상을 떠난다.

1976년 9월 9일   마오쩌둥이 베이징에서 세상을 떠난다.

마오쩌둥 어록의 정수

- 독서는 학습이고, 실천 역시 학습이다. 학습은 무엇보다 필요하고 중요하다.

- 지식은 과학이다. 조금 안다고 잘난 체하고 허세를 부리면 안 된다.

- 끊임없이 낡은 것을 타파하고, 끊임없이 새로운 것을 창조하라.

- 세계는 당신 것이며, 동시에 우리 것이다. 그러나 결국에는 당신에게 돌아간다. 젊은이여! 당신은 아침 8~9시경 하늘에 떠 있는 태양처럼 찬란하고 열기가 넘친다. 모든 희망은 당신, 청년에게 있다.

- 잘못은 반드시 바로잡아야 한다. 빨리 고칠수록 좋다.

- 비평은 즉시 하라. 생각날 때마다 한마디씩 내뱉지 마라.

- 한두 번 선행은 누구나 할 수 있다. 그러나 평생 좋은 일만 하는 건 성자도 어렵다.

- 현명한 사람은 힘든 일을 먼저 하고 그 대가를 누린다.

- 맹목적이면 자각하는 힘을 잃어, 많은 것이 몸을 죄는 사슬이 된다.

1장

도약

배움
시야
관찰
목표
준비
열정
시도

01

배움
배우고 또 배워 앞으로 나아가라
_1958년 5월 28일, 쑤저우蘇州의 8세 초등학생에게

"많은 책을 읽어도 그 내용을 이해하지 못하면 쓸모없다. 책이 주는 지식 못지않게 이를 실생활에 활용하는 일이 중요하다. 무턱대고 읽는 건 죽은 독서다." 마오쩌둥은 책의 메시지를 제대로 이해해 실생활에 적용하는 일이 중요하다고 강조했다. 그는 마르크스주의에 관련된 책을 읽으며 이를 어떻게 중국 사회에 적용할 수 있을지 고민했다. 끊임없이 현실을 걱정하고 책을 통해 학습했기에 마오쩌둥은 마르크스주의의 기본 원리를 중국의 상황과 결합시켜 이를 바탕으로 혁명 과정에 일어난 수많은 문제를 해결했다.

배우는 학생이 되어라

　인생은 끊임없이 배우고 익히는 과정이다. 무엇을 하든 지식이란 기반을 다지지 않고는 성공을 기대하기 어렵다. 우연한 행운을 얻을지는 몰라도 결국 시간이 흐름에 따라 급격히 변화하는 사회에 맞서지 못하고 도태될 것이다. 이름난 학교를 졸업하고 박사 학위를 받았더라도 계속 새로운 지식을 익혀야 한다. 전기가 없으면 등이 빛을 발할 수 없듯 지식이 들어가지 않은 빈 머릿속은 창의력을 발휘하지 못하고 결국 캄캄한 인생을 살게 될 것이다.

　경쟁에서 이기고 싶다면 배움의 기회를 놓치지 마라. 다음은 미국의 한 유명 세일즈맨의 말이다.

　"뭇사람은 내게 묻는다. '이미 수십 년 전에 성공하신 분이 왜 아직도 세일즈 관련 책을 읽으시죠?' 이유는 간단하다. 새로운 정보와 지식을 채우지 못하면 성공할 수 없기 때문이다."

　어떤 분야에서도 열심히 배우는 학생이 되지 않고서는 절대 성공할 수 없다. '나는 배우는 학생이 되겠다!'라고 스스로에게 약속하라. 학생이 되는 목적은 강자로 거듭나기 위함이다. 먼저 관심 분야를 정리하고, 재능을 파악한 뒤 체계를 갖춘 완전한 계획을 세워라.

지식은 무한하다. 새로운 지식과 관념을 받아들이지 않으면 결국 앞질러가는 수많은 사람에 치여 속수무책으로 방치된 자신과 마주하게 될 것이다. 호흡을 멈추지 마라. 호흡을 멈추면 결국 죽게 된다.

사람은 현재에 미래를 선택한다. 기회는 무한대로 주어지지만 아둔한 사람은 가시밭길을 자처한다. 반면, 새로운 지식을 흡수하는 자는 좋은 기회를 골라잡는다.

목적하는 바를 이루는 가장 빠른 길은 성공한 사람에게 묻고 또 물어 그의 경험과 지혜를 가지는 것이다. 그 어떤 책을 읽는 것보다 유효하다.

지식을 충전하라! 눈부시게 빛나는 인생이 될 것이다

사회에서 빛나는 성공을 이룬 사람은 자기 분야는 물론 다른 영역에도 관심을 기울이고 깊은 이해와 상식을 가지고 있다.

중국인이라면 삼척동자도 위스즈於是之를 안다. 그는 빼어난 연기로 다양한 역할을 소화해내며 중국 연극 역사에 금자탑을 세운 인물이다. 예술에 대한 깊은 애정과 열정, 폭넓은 지식으로 땀 흘려 얻어낸 귀한 성과다. 그는 모든 일에 배우는 자세로 성실히 임했다. 전설 같은 일화를 살펴보자.

1951년 베이징, 위스즈는 연극 《장정長征》에서 마오쩌둥 역을 맡았다. 그의 대사는 단 한마디뿐이었다.

"동지들, 성공을 빌겠소!"

짧은 대사라 신인 배우가 해도 어렵지 않을 터였다. 그런데 베테랑 연기자인 위스즈는 노력을 게을리하지 않고 배역을 이해하기 위해 최선을 다했다. 《마오쩌둥 어록》은 물론 여러 저서를 읽고 연구하며, 심지어 마오쩌둥의 서체를 익히기 위해 서예를 배웠다.

중국 현대문학의 아버지인 루쉰魯迅 역을 할 때는 저작과 관련 자료를 닥치는 대로 읽고 연구했다. 얼마나 공부했는지 루쉰을 연구하는 학자들 사이에서 명성을 얻을 정도였다.

위스즈는 대학교를 반년 다니고 중도에 그만두었지만 배움에 열정을 가지고 끊임없이 지식을 갈망했다. 그는 "배우기 위해 공부하고, 배웠으면 반드시 활용한다."고 하며, 언제나 책을 가지고 다니며 시간이 날 때마다 틈틈이 꺼내 읽었다. 위스즈는 책을 통해 폭넓은 지식을 갖춰, 연기는 물론 인생에 단단한 기반을 다졌다.

배움에는 목표가 있어야 한다

　무엇을 배울지 계획을 세워라. 의식 없이 남이 하는 대로 따라간다면 머릿속에 온갖 쓸데없는 정보만 가득 찰 것이다. 성공하려면 먼저 뜻을 세우라는 말처럼 명확한 목표가 있을 때 성과가 나타난다.

　나폴레옹 1세Napoléon I는 역사상 가장 위대한 지도자 중 한 명으로 꼽힌다. 그는 끊임없이 배움을 통해 자신의 재능을 갈고닦아 능력을 계발했다.

　그는 어린 시절부터 책을 많이 읽었다. 독서를 통해 지식을 습득하고, 비판력과 분석력을 길렀다. 책을 읽다가 자신에게 필요한 부분이 있으면 메모하는 것도 잊지 않았다. 글쓰기 또한 즐겼는데, 소년기에 10여 편에 달하는 글을 썼다.

　집안이 어려운 탓에 배움의 길은 순탄치 않았다. 한때 학교를 그만두기도 했지만 암담한 상황에서도 배움의 길은 포기하지 않았다. 당시 그가 쓴 일기를 살펴보면, 희망을 버리지 않겠다는 의지와 미래를 준비하는 각오가 가득하다. 나폴레옹은 힘든 상황에서도 자신의 목표를 정하고, 그에 따라 필요한 지식을 갖추었다.

지식이 지혜가 되기까지는 고통의 대가가 따른다

북송北宋 시대 왕안석王安石의 글 중에는 '상중영傷仲永'이라는 사람의 이야기가 있다.

"상중영은 6세에 시문을 암송하고, 문답에 거침이 없어 신동이라 불리었다. 그의 아비는 아들을 앞세워 전국을 돌며 자식 자랑을 했다. 가는 곳마다 찬탄이 이어졌지만, 상중영은 새로운 것을 배울 기회를 갖지 못하고 아비에게 끌려다니며 허송세월을 보냈다. 그로부터 10년 뒤, 결국 신동 상중영은 평범한 청년이 되어버렸다."

시대는 하루가 다르게 변화하고, 어제의 새로운 지식은 오늘이 되면 도태된다. 그러므로 평생 익히고 배워야 한다. 아무리 상상력이 대단하고 창의력이 뛰어난 사람이라도 시대의 흐름을 간파하지 못하면 실용적인 가치를 창출해낼 수 없다.

〈포브스Forbes〉가 선정한 세계 부호 리스트를 보면 지식이 부족한 사람이 없다. 하나같이 매일 지식을 쌓으며 성공의 길로 나아갔다.

지식은 힘이고 부다

　지식의 주체는 사람이므로, 지식을 얻은 사람은 훌륭한 인적 자원이다. 마오쩌둥은 인적 자원의 중요성을 강조했다.

　"모든 사물은 사람을 통해서만 개발되고 활용된다."

　이렇듯 모든 것은 사람의 재능으로 이루어진다. 사람이 없다면 사물과 개념은 그 가치를 잃어버린다. 어떤 상황이든 문제이든 사람을 중심으로 연구해야 한다.

　독일 시인 괴테Goethe는 "사람은 학습 중에 얻은 모든 것으로 자신을 창조한다."라고 했다. 사람의 능력은 모두 학습에서 나온다. 태어나면서부터 학습을 시작한다. 배우지 않으면 진정한 사람이라 할 수 없다.

　국제통화기금IMF의 부총재인 존 립스키John Lipsky는 "원재료, 자본, 노동력, 환율보다 중요한 경제 요소는 지식이다."라고 했다. 경영학의 아버지 피터 드러커Peter Drucker는 "인재야말로 가장 먼저 얻어야 할 자원이다."라고 했다. 이는 지식을 갖춘 인재의 중요성을 강조한 말이다.

　석유 재벌 록펠러Rockefeller는 이런 말을 했다.

　"내 옷을 벗기고 돈을 빼앗은 뒤 사막에 내다버려도, 그곳에 장사하는 사람이 지나간다면 나는 다시 억만장자가 될 것이다."

누군가는 말도 안 되는 농담이라 여기겠지만 록펠러는 해낼 능력과 자신이 있기에 당당히 말할 수 있는 것이다.

새로 사업을 시작하려는 사람이 투자를 유치하려고 한다면 그는 자신의 어떤 점을 사람들에게 내세워야겠는가.

투자를 받으려면 자신의 능력을 내보여야 한다. 전문 경영인, 지식인, 인적 자원으로서의 자신의 가치를 드러내야 한다. 어디에 투자하느냐는 시기와 상황에 따라 다르지만 기본 중심은 바뀌지 않는다. 바로 '최고 경영자가 누구인가?' 하는 점이다.

그가 회사를 경영할 능력이 있다면, 누구든 그를 보고 그 능력을 확신하게 된다면 그의 회사는 투자를 하기 위해 몰려드는 사람으로 인산인해를 이룰 것이다. 기적과도 같은 이런 신화를 과연 얼마나 많은 이가 창조해낼 수 있을까?

현대사회는 전 세계를 대상으로 돌아간다. 어느 나라에 사는 누구든 세계에 널린 자원과 자본을 원하는 대로 이용할 수 있다. 물론 그럴 능력이 있다는 전제하에 가능한 일이다. 자신만의 확실한 어떤 능력이 있는 사람은 세계 무대에서 당당히 승리를 거둘 수 있다.

반면, 남이 부러워할 만한 지식이 있는데도 그것을 지혜로 전환하는 방법을 몰라 남들의 웃음거리로 전락하는 사람이 있다.

청나라 시대에 한 서생이 있었다. 그는 이웃과 교류하지 않고 주변 상황에 무관심으로 일관하며 오로지 집에 틀어박혀 서책만 읽었다. 어느 날, 서생은 우연히 병서를 얻게 되었다. 그는 밤낮을 가리지 않고 병서를 탐독했다. 그리고 며칠 뒤, 그는 병법에 통달했다고 자만했다. 때마침 마을이 침략을 당하자 그는 책에서 읽은 내용만 믿고 마을 사람들을 선동했다. 그는 지형과 주변 상황은 고려하지 않고 병서에 나온 그대로 전술을 짰고, 첫 전투에서 대패해 겨우 목숨을 건졌다.

침략자가 물러가고 얼마 후, 서생은 수리 시설에 관한 책을 읽은 뒤 이번에도 모든 기술을 터득했다고 자신만만했다. 그는 당장 사람을 불러 자신의 생각대로 관개시설을 뜯어고쳤다. 결과는 실패였다. 하마터면 온 마을에 물난리가 날 뻔했다.

책에서 얻은 지식은 실제로 체험한 뒤에야 비로소 유용한 가치를 지닌다. 실생활을 고려하지 않고 책의 내용에만 집중하는 것은 죽은 독서일 뿐 아니라, 책을 많이 읽어도 지식을 쌓기는커녕 책벌레가 될 것이다.

자신에게 필요한 지식을 선택해 그것을 충분히 분석한 다음 양질의 것만 골라 흡수해야 한다. 책에서 얻은 모든 발견은 실생활에 적용할 수 있어야 지혜가 된다. 지식을 끊임없이 사고하고 비판하는 자세는 기존의 틀을 벗어나 새로운 깨달음을 얻을 수 있는 통로가 된다.

모방도 배움이다

세상에 뻥 뚫린 고속도로 같은 길은 없다. 배움의 과정에서 고난과 좌절은 피할 수 없다. 단단히 준비하고 필승의 마음으로 극복해 나가야 한다. 한 가지 유용한 수는 '모방'이다.

1982년 할리 데이비슨harley-davidson의 간부들은 미국 아이오와 주에 있는 일본 혼다Honda의 오토바이 생산 공장을 방문했다. 당시 혼다는 미국 중형 오토바이 시장 점유율을 40퍼센트 이상 차지하고 있는 큰 적수였기에 기술을 알아내기 위해 내부를 둘러보려는 것이었다.

공장 안은 여느 곳과 다름없이 평범했다. 특별한 작업 시스템이나 프로그램은 눈에 띄지 않고, 30명의 관리자와 470명의 직원이 일하고 있었다. 한 가지 특이한 점이 있다면 직원들의 표정이 밝다는 것이었다. 그들은 하나같이 행복해 보였다.

간부들은 혼다의 인적 자원 활용법을 간파하고, 이를 회사 운용에 적용했다. 합리성을 추구하는 전형적인 미국식에서 벗어나 겸손하고 친근하게 배움을 구하는 일본식 관리법을 도입하고,

그들의 인사관리 시스템을 도입했다.

또한 혼다가 매일 필요한 만큼의 부품을 소량 생산해 불량품을 최소한으로 줄인다는 사실을 알고, 이를 도용했다. 그전까지 할리 데이비슨은 1년에 몇 차례씩 부품을 대량 생산해 창고에 보관하고 사용했는데 불량품이 혼다의 몇 배에 달했었다. 그런데 혼다의 소량 생산을 도입하자 불량품이 줄어들었다.

할리 데이비슨은 자사의 미국식 합리성에 혼다의 일본식 시스템을 더해 새롭게 정비했고, 5년 뒤 시장 점유율을 23퍼센트에서 46퍼센트로 끌어올리고, 매출액도 사상 최고액인 1,770만 달러를 달성했다.

자신의 특성을 계발하는 것에 그치지 말고 다른 사람의 긍정적인 점을 관찰해라. 타인의 장점을 배워 자신의 단점을 보완해라. 청출어람은 이렇게 이루어진다.

02

시야
아무리 큰 우물이라도 하늘보다는 작다
_1935년 12월 27일 '일본 제국주의에 반대하는 전략에 관한 논술'에서

마오쩌둥은 결정한 일은 재빨리 행동으로 옮겼다. 그는 후난성 고등중학교 자퇴를 결정하고 바로 창사의 샹향회관으로 거주지를 옮긴 뒤 매일 12킬로미터를 걸어 후난성 도서관을 오가며 독학했다. 자신을 수양하고 단련하기 위한 원대한 계획을 세웠고, 매일 엄청난 양의 동서양 고전을 읽었다.

그가 특히 관심을 가지고 또 수확이 컸던 분야는 서양의 18-19세기 자본계급 민주주의와 근대과학의 저작이었다. 장 자크 루소Jean-Jacques Rousseau의 《사회계약론》, 찰스 다윈Charles Darwin의 《종의 기원》, 애덤 스미스Adam Smith의 《국부론》, 몽테스키외Charles-Louis de Secondat의 《법의 정신》, 허버트 스펜서Herbert Spencer의 《종합철학체계》를 즐겨 읽었다.

마오쩌둥은 후난성 도서관에서 처음 세계지도를 보고, 중국이 세계의 일부에 지나지 않는다는 사실을 깨달았다. 자신이 살고 있는 후난성 샹탄湘潭은 지도

에 나타나지도 않았다. 고향을 떠난 지 1년 된 지식인 청년에게는 신선하고 강렬한 경험이었다.

시야를 넓혀라

바로 앞만 보는 사람은 저 멀리 펼쳐진 인생의 아름다운 광경을 보지 못한다. 시야가 좁은 사람은 원대한 이상과 포부가 없다. 꿈을 크게 이루고 싶다면 생활 반경을 벗어나 시야를 넓혀라.

"만약 당신이 모든 것을 잘 발견하는 눈을 가졌다면, 당신은 천재다."

갈릴레오 갈릴레이Galileo Galilei의 말이다. 그는 이탈리아의 피사에서 태어났다. 그의 아버지는 음악가였는데, 수학에 관심이 많았다. 갈릴레이는 8세 때 학교에 들어갔는데 일반 교과 성적은 물론 그림과 음악에도 뛰어난 재능을 보였다.

17세 때, 갈릴레이는 피사대학교에 진학해 의학을 공부했는데 어느 날 우연히 고대 그리스의 기하학 강의를 듣고 수학에 관심을 가지게 되었다. 그날 이후, 그는 아버지의 반대에도 의학을 포기하고 수학과 철학을 탐구하기 시작했다.

청년 갈릴레이는 여러 가지 현상과 문제에 관심이 많았다. 이를 테면, 하루는 올리브 오일을 실은 마차를 타고 피사에서 피렌

체에 가게 되었는데 그는 마부가 이상하게 여길 정도로 아무 말 없이 올리브 오일이 담긴 통만 뚫어져라 쳐다봤다. 그의 머릿속에는 오로지 한 가지 생각뿐이었다.

'이 통의 용적은 어떻게 계산하지? 통은 원기둥이니까 들이를 구하려면 부피에 높이를 곱하면 되나?'

갈릴레이는 눈대중으로 통의 부피와 높이를 구해 들이를 계산한 다음 마부에게 그것을 들려주었다. 마부는 무슨 이야기인지 알아듣지 못하고 고개를 갸우뚱거렸다.

갈릴레이는 집이 파산해 중도에 대학을 포기했지만 수학에 대한 열정만큼은 꺾지 않았다. 그 후 그는 1년 만에 수준 높은 수학 논문을 작성해 이탈리아 수학계의 관심을 받았다. 그는 명성을 얻어 25세에 피사대학교에서 강의를 하게 되었다.

"절대 불가능해! 어째서 물체가 무거울수록 떨어지는 속도가 빠르지?"

어느 날, 갈릴레이는 도서관에서 아리스토텔레스Aristoteles의 저작을 읽다가 갑자기 소리쳤다. 그는 다른 무게의 두 물체를 같은 높이에서 떨어뜨리면 동시에 땅에 닿는다는 것을 증명하기 위해 낙체 실험을 계획했다.

실험 당일, 엄청난 인파가 몰려들었다. 갈릴레이는 피사의 사탑에 올라 무게가 10배 이상 차이 나는 큰 공과 작은 공을 동시에 떨어뜨렸다. 2개의 공이 동시에 바닥에 닿아, 그는 자신의 이론이 맞았다는 것을 증명했다. 그러나 이 실험은 교회와 피사대학교 및 아리스토텔레스 숭배자들의 반감을 샀다.

갈릴레이는 파도바대학교로 자리를 옮겨 18년간 학생들을 가르쳤다. 그곳에서 그는 많은 과학적 성과를 남겼다. 세계 최초의 망원경을 발명하고 그 연구 자료를 바탕으로 《시데레우스 눈치우스Sidereus Nuncius》《태양 흑점에 관한 편지》를 펴냈다. 그는 저서에서 니콜라우스 코페르니쿠스Nicolaus Copernicus의 학설이 정확하다고 밝힘으로써 교황청의 분노를 샀다. 그 일로 갈릴레이는 연금되었고 동시에 그의 저서는 금서 조치를 당했다.

후에 로마 교황청은 갈릴레이가 받은 교황청의 심판이 불공정했음을 인정했다. 교황 우르바노 8세Urbanus VIII는 친구에게 이런 편지를 썼다.

"목성의 빛이 하늘에서 찬란히 빛나는 한, 지구인은 영원히 갈릴레이를 잊지 못할 것이다!"

발견하는 눈을 가져라

영국의 과학자 아이작 뉴턴Isaac Newton은 자신의 성공 비결을 이렇게 말했다.

"자기의 눈으로 발견해라. 그러면 다른 사람이 보고도 발견하지 못한 것을 보게 될 것이다!"

갈릴레이가 고초를 겪고 있을 무렵 영국 동부의 작은 마을에 새로운 별이 태어났다. 바로 뉴턴이다. 그가 태어나기 두 달 전 아버지가 폐렴으로 세상을 떠나는 바람에 가정 형편이 좋지 못했다.

17세에 뉴턴은 우수한 성적으로 케임브리지대학교에 입학했는데 집에서 경제적 도움을 받을 수 없는 탓에 그는 한 귀족을 찾아가 지원을 요청했다. 그 귀족은 자기 집에서 뉴턴이 1년간 하인으로 일하는 조건을 제시했다. 그는 자존심이 상했지만 학구열이 더 컸기에 그 조건을 받아들였다.

대학에 다니면서 뉴턴은 많은 책을 읽고 수많은 문제를 풀었다. 대학 때 미적분에 관한 정의를 제출했고, 졸업 후에 발표한 만유인력과 역학에 내린 정의는 영국 과학계를 진동시켰다.

케임브리지대학교에는 뉴턴에 관한 전설이 꽤 많다. 어느 날, 뉴턴이 열심히 일을 하고 있는데 그의 조수가 들어와 날계란을 책상에 올려놓고 나갔다. 마침 배가 고팠던 뉴턴은 머릿속으로 다른 생각을 하면서 한 손으로 계란을 집어 냄비에 넣었다. 잠시 후 조수가 돌아와서 보니 계란은 책상 위에 그대로 있고 냄비에는 뉴턴의 시계가 끓고 있었다. 조수는 그에 대해 다음과 같이 말했다.

"선생님은 단 10분이라도 아무 일을 하지 않는 건 엄청난 낭비라고 여겼습니다. 새벽 3시 전에 자는 일이 거의 없고 5~6시쯤 잠자리에 들어서 보통 4~5시간 정도 잤습니다. 먹는 양이 적고, 먹는 걸 잊는 일도 허다했습니다. 쉬지도 않고 놀러가지도 않고 산책도 거의 하지 않았습니다. 어쩌다 밖에 나가더라도 영감이 떠오르면 곧바로 연구실에 돌아왔습니다."

뉴턴은 임종 직전 이런 말을 남겼다.

"다른 사람 눈에 내가 어떻게 보일지 나는 모른다. 하지만 내가 보기에 나는 그저 해변에서 노는 어린아이와 같다. 아름다운 모래와 반짝이는 조약돌, 조개껍데기에 빠져 노는 어린아이. 그 모래사장 앞에는 진리의 바다가 펼쳐져 있고, 그 바다는 지금껏 아무도 발견하지 못한 것으로 가득하다."

사방에 널린 기회를 선택해라

성공하려면 동서남북, 전후좌우를 동시에 보는 법을 배워야 한다. 곳곳에 선택할 것이 존재한다. 곳곳이 기회다.

평범한 샐러리맨이던 일본인 시게마쯔 토미오는 타이완에 여행을 갔다가 현지에 살고 있는 친구로부터 구아바의 여린 잎과 열매가 당뇨병과 비만 치료에 효과가 있다는 이야기를 들었다. 그는 구아바의 잎과 열매을 구입해 일본으로 돌아가 한 의학 실험실에 분석을 의뢰했다. 결과는 타이완 친구가 말한 그대로였다.

그는 200만 엔을 빌려 도쿄에 '당뇨병과 다이어트 식품 회사'를 세우고, 타이완 등지에서 구아바의 잎과 열매를 대량으로 구입해 건조를 거쳐 차로 만들었다. 잎과 열매를 차로 만드니 먹기도 간편하고 향도 뛰어났다.

그가 만든 상품은 시장에 나가자마자 폭발적인 반응을 일으켰다. 특히 중년 남성과 여성에게 열광적인 환영을 받았다. 1달 만에 500만 엔의 매출이 오르고, 그 후에도 계속 성장세를 보이며 한 달 평균 2,000만 엔의 매출을 올렸다.

홍콩에서 '가발의 아버지'라 불리는 리우원한劉文漢의 성공의 길 역시 앞의 예와 비슷하다. 그는 식탁에서 들은 한마디 말에서 기회를 잡았다.

1958년 자동차 부품상이던 리우원한은 미국에 비즈니스 여행을 갔다. 그는 클리블랜드의 한 레스토랑에서 2명의 미국인과

점심을 먹게 되었다. 식사를 하면서 비즈니스에 관련된 이야기를 나누었는데 그때 한 미국인이 '가발'이라는 말을 꺼냈다. 리우원한이 눈을 반짝이며 물었다.

"가발?"

그 미국인은 검은색 가발을 꺼내 보여주면서 각각 다른 색상의 13가지 가발을 갖고 싶다고 말했다. 식사 도중 오가는 이런 이야기는 보통 큰 의미를 두지 않는 법인데, 말하는 사람은 무심히 말해도 듣는 사람은 뼈 있게 듣는다는 말처럼 리우원한은 그 말을 놓치지 않고 민첩하게 머리를 굴려 빠른 판단을 내렸다.

리우원한은 몇 차례의 시장조사를 통해 미국에서 가발이 유행하고 있는 것을 발견하고, 앞으로의 전망이 밝다고 확신했다. 홍콩으로 돌아온 그는 곧바로 가발의 원재료 구입처를 알아보았다. 그 결과 인도와 인도네시아에서 재료를 들여오면 비용이 상당히 저렴해 가장 비싼 것도 100홍콩달러가 넘지 않는다는 걸 알게 되었다. 그런데 그 판매 가격은 500홍콩달러가 넘었다.

리우원한은 바로 홍콩에 가발 제조 공장을 차렸다. 그런데 가발 제작 전문가를 찾을 수 없었다. 고민에 빠진 그에게 친구가 극단 배우를 대상으로 가발을 제작하는 사람을 소개했다. 리우원한은 바로 그를 찾아갔지만 가발을 하나 제작하는 데 3개월이 걸린다는 말을 듣고 다시 절망에 빠졌다.

'3개월이라니, 어떻게 사업을 하지?'

그때 불현듯 아이디어가 떠올랐다. 수공업과 기계공업을 병행하는 것이었다. 그는 가발 전문가와 여공을 모집한 다음 기계에 정통한 자신이 가발 제작 기계를 만들고 개조한 뒤, 가발 제작 전문가에게 품질을 확인받으면서 발명과 생산을 동시에 진행했다. 이렇게 세계 최대 가발 공장이 탄생했다.

각종 가발이 대량으로 생산된다는 소식이 퍼져나가자 오퍼가 끊임없이 밀려들었다.

1970년, 그의 가발 공장 생산 총액은 10억 홍콩달러에 이르렀고, 그는 홍콩 가발 협회 회장에 당선되었다.

호기심에 노력을 더해라

호기심은 시야를 넓혀 준다. 한번 시야가 확장되면 그다음에는 다른 사람이 보지 못하는 것을 발견하게 된다. 적막을 좋아하지 않는다면, 반짝 빛나고 싶다면 절대 호기심을 잃지 마라.

어린 에디슨Thomas Edison이 풀 더미 위에 미동도 않고 앉아 있는 것을 본 어머니가 물었다.

"뭐 하는 거니?"

"병아리가 나오게 하려고 계란을 품고 있어요."
초등학교에 들어간 에디슨은 자주 선생님을 당황시켰다.
"선생님, 1 더하기 1은 왜 2인가요?"
후에 에디슨은 겨우 3개월의 학교 생활을 끝내고 집에서 공부하게 되었다. 어머니는 에디슨이 이상한 질문을 해도 그를 격려하고 가르쳤고, 에디슨은 빠르게 발전했다. 에디슨의 지식욕이 점차 커지자 어머니는 그에게 자연과 관련된 책을 선물했다. 에디슨은 그 책에 나온 여러 가지 실험에 매혹되어 책에 나오는 방법을 따라 각종 실험을 했다.
어느 날, 에디슨은 책을 읽다가 기구가 하늘을 날 수 있다는 문장을 보았다.
'배에 기체를 가득 넣으면 사람도 날 수 있지 않을까?'
그는 빵을 만들 때 이스트를 넣으면 밀가루 반죽이 부풀어오르는 것에 착안해 사람도 이스트를 먹으면 그렇게 될 수 있을 거라 생각했다. 에디슨은 이웃집 어린아이를 불러내 집에서 몰래 가져온 이스트를 먹였다. 아이는 얼마 지나지 않아 배가 아프다며 데굴데굴 굴렀다. 다행히 길을 가던 어른이 발견해 아이는 바로 병원에 실려갔다. 그럼에도 에디슨은 실험 결과를 보지 못한 것에 아쉬워했다.

그 사건 이후 어머니는 마음을 놓지 못해 실험실을 폐쇄했다. 에디슨은 울고불고 난리가 났다.
"어머니, 실험을 하지 못하면 어떻게 연구를 해요? 어떻게 큰일을 해요?"
마음이 약해진 어머니는 결국 실험실을 다시 열어주었다.
12세 때, 에디슨은 가정 형편이 어려워지자 부모를 설득해 기차역에서 일을 시작했다. 어느 날, 그는 철도를 따라 걷다가 기차가 오는 줄도 모르고 철도 위에서 놀고 있는 아이를 발견했다. 그는 잽싸게 달려가 아이의 목숨을 구했다. 그가 구한 아이는 우연히도 역장의 아들이었다. 역장은 감사의 뜻으로 에디슨에게 전보를 치는 기술을 가르쳐 주었다. 그는 4개월 만에 우수한 철도 전보 기술자가 되었다.
에디슨은 낮에는 실험실에서 연구를 하고 밤에는 역에 가서 전보 기술자로 일했다. 전보를 치는 사람이 자고 있는지 확인하기 위해 1시간에 한 번씩 신호를 보내게 되어 있었는데, 에디슨은 시계와 전보 기계를 연결해 1시간마다 자동으로 전보기가 신호를 보내게끔 장치하고 마음껏 잠을 잤다. 얼마 후 그 일이 상급자에게 발각되어 그는 일을 그만두었다.
그 후 에디슨은 친구의 소개로 보스턴에서 다시 전보 일을 시작했다. 1869년 에디슨은 주식 가격을 알려주는 기계를 발명해 4만 달러를 받고 주식 거래소에 팔았다. 이 돈으로 그는 작은 공장을 세우고 발명에 몰입했다.

에디슨은 일생 동안 미국에서만 발명 특허 1,099개를 획득했다. 여기에 신형 특허와 상표등록까지 합하면 1,500개가 넘는다. 다른 34개국에서 얻은 특허까지 더하면 대략 3,000여 개다.

에디슨은 언제나 자신의 실험에서 결론을 얻었다. 그는 이렇게 말했다.

"나의 모든 발명은 호기심에서 시작되었고, 그 호기심에 노력을 더한 것이 성공의 근본이다."

상상의 위대한 힘

라이트 형제Wright brothers를 모르는 사람은 없을 것이다. 그들로 인해 인류는 하늘을 나는 수천 년의 꿈을 이루었다.

라이트 형제는 어렸을 때부터 머릿속에 온갖 상상이 가득했고, 언젠가는 새처럼 하늘을 날 거라는 꿈을 꿨다. 형제는 철판과 못, 철사를 가지고 날개를 만들며 집을 엉망으로 만들기 일쑤였다. 그럼에도 부모는 이들의 행동에 한마디도 하지 않았다. 형제가 장난은 심하지만 기계에 관심이 많고 상상력이 풍부하니 자유롭게 놓아두면 알아서 발전해 나가며 언젠가는 무언가 이룰 수 있을 거라고 생각한 것이다.

성인이 된 형제는 자전거 제조업을 했다. 그들이 만든 자전거는 멋지고 튼튼하고 편해 인기가 많았다. 그렇지만 장사가 잘되어도 형제는 성공의 기쁨보다는 허전함을 느꼈다. 두 사람은 사색과 창조를 멈추지 않고 봉제기, 타자기, 제초기 등 각종 기계를 만들었다.

19세기 말, 과학의 발전은 사람이 하늘을 날 수 있다는 몽상을 부추겼다. 1895년 라이트 형제는 오토 릴리엔탈Otto Lilienthal이 독일에서 활공 실험에 성공했다는 기사를 읽고 어린 시절의 꿈을 떠올렸다. 그들은 관련 자료를 찾기 시작했다.

형제는 미국 워싱턴에 있는 스미스소니언협회에 도움을 구해 원하는 자료를 찾았다. 대량의 자료를 읽고 형제는 글라이더를 만들기 시작했다.

1900년 10월, 라이트 형제는 글라이더를 가지고 노스캐롤라이나 주의 작은 마을로 갔다. 그곳은 강하면서도 안정적인 해풍과 활공비행에 적합한 언덕과 바다가 있어 시험 비행을 하기에 더할 나위 없이 적합한 장소였다. 그들은 해변에 오두막을 짓고 그 안에서 글라이더를 조립하기 시작했다.

형제는 이곳에서 1년 넘게 시험 비행을 했지만 큰 성과를 거두지 못했다. 그러나 그들은 실패에 굴하지 않고 1903년 10월에 다시 그곳을 찾았다.

12월 15일 글라이더는 약 3초간 비행하고 추락했다. 이틀 후 12월 17일, 수리한 글라이더를 동생이 조종해 하늘로 올랐다. 그는 지난번의 교훈을 잊지 않고 동력기를 가동한 후 천천히 올라갔다. 이번에는 59초간 300미터를 날았다. 시험 비행은 성공이었다.

사업에서 엄청난 성공을 거둔 사람을 보면, 상상력이 결코 무시할 수 없는 작용을 했음을 알 수 있다. 상상력을 잃는 것은 인생에서 가장 두려운 일이다.

관찰

한번 더 생각하라.
고민하고 예측할수록 지혜가 나온다.

_1944년 4월 11일 '학습과 시국'에서

1917년 11월 호법전쟁護法戰爭* 시기, 북양군벌의 군대가 후난성 헝바오衡寶에서 철로를 따라 북쪽으로 후퇴하고 있다는 소식이 전해지자 창사長沙 시민들은 공포에 휩싸였다. 마오쩌둥이 다니고 있던 후난 제1사범학교는 창사의 남쪽에 있었는데, 철로와 가까워 군대가 후퇴할 시 반드시 거쳐가는 곳이었다. 따라서 언제든 패잔병의 공격을 받을 수 있었다.

당시 학교 교우회 총무를 맡고 있던 마오쩌둥은 군사훈련을 받은 학생들을

---

* 위안스카이袁世凱 사후 정권을 잡은 북양군벌北洋軍閥의 돤치루이段棋瑞에 대항하기 위해 쑨원孫文이 1917년 광주廣州에서 국회 비상회의를 소집해 '중화민국 군정부 조직대강'을 통과시키고 위안스카이가 취소한 임시약법臨時約法을 옹호하기 위해 광동군을 중심으로 세운 정부를 호법정부라 한다. 이 호법정부와 북양군벌 간의 전쟁을 호법전쟁이라고 한다 – 역주

소집해 학교를 지키자고 건의했고 학교 측도 이에 동의했다. 이렇게 마오쩌둥은 학생들과 패잔병의 공격에 대비해 교문을 지켰다.

11월 18일, 3천 명에 달하는 북양군벌 패잔병이 후난 제1사범학교 남쪽을 배회하고 있었다. 마오쩌둥은 학생 자원군을 3부대로 나누고 나무총을 나눠준 다음 근처 산등성이에 배치했다. 그리고 인근 경찰서에 연락해 그들에게 총을 쏘며 소리치게 했다. 경찰이 활동을 시작함과 동시에 학생들은 그 소리에 맞춰 폭죽을 터트렸다.

이미 패배로 인해 전의를 상실한 북양군벌 패잔병은 갑작스러운 상황에 혼비백산해 진짜 총소리인지 구별할 생각조차 하지 못하고 바로 저항을 포기했다. 마오쩌둥은 교섭을 통해 그들을 철수시키고 장사를 안전하게 보호했다.

마오쩌둥에게 이 사건은 일생 최초의 군사행동이었다. 당시 사람들은 그의 담대함에 감탄했다. 그의 이 같은 행동은 맹목적으로 움직인 것이 아니라 상황에 대한 정확한 분석과 심사숙고를 거쳐 나온 치밀하게 계산된 작전이었다.

관찰하면 기회가 보인다

"왜 운명은 나에게만 가혹하고 불공평할까? 성공할 기회는 대체 언제 오는 거지?"

신이 이 말을 듣는다면 이렇게 답할 것이다.

"너는 분명 바보거나 뇌가 없을 거다."

기회는 주변에 널려 있다. 다만 그것을 주의 깊게 관찰하지 못하고 놓치는 것뿐이다.

관찰을 즐기는 사람이 있었다. 어느 날, 그는 자기 발을 관찰하다가 신발 앞코가 해진 것을 발견했다. 새로 구두를 장만할 돈이 없었기에 그는 임시방편으로 신발 앞코를 금속으로 덧대었다. 가난 때문에 별수 없이 생각해낸 임시방편이었지만 그는 이 아이디어로 큰 부자가 되었다.

미국 뉴저지 주의 한 이발사는 면도칼을 개조해 면도기를 만들어 부자가 되었다. 메인 주에 사는 한 남자는 몸져누운 아내를 대신해 빨래를 하다가 세탁기를 발명해 백만장자가 되었다.

최초의 면직기는 오두막에서 발명되었고, 존 해리슨John Harrison은 낡은 곡물 창고에서 항해용 시계 크로노미터chronometer를 만들었다. 미국 최초의 증기선은 작은 교회의 실내에서 처음 조립이 시작되었고, 수확기는 방앗간에서 탄생했으며, 에디슨Thomas Alva Edison은 짐을 보관해두는 곳에서 실험을 시작했다.

미켈란젤로 부오나로티Michelangelo Buonarroti는 플로렌스 길가의 쓰레기 더미에서 발견한 대리석으로 위대한 예술 작품을 만들었다. 그가 찾아낸 대리석은 고품질이었지만 재단을 잘못해 손상된 것이었다. 다른 예술가들은 그저 대리석을 아까워할 뿐 별다른 행동을 취하지 않았지만 미켈란젤로는 그 대리석에서 천사를 보았다. 그는 끌과 정으로 대리석을 다듬어 역사상 가장 아름다운 조각으로 칭송받는 '다비드' 상을 만들었다.

영국의 물리학자인 마이클 패러데이Michael Faraday는 젊은 시절 영국 왕립 연구소에 일자리를 구하기 위해 여러 번 편지를 보냈다. 아무리 기다려도 답장이 없자 패러데이는 몇 번 강의를 들은 게 전부인 험프리 데이비Humphry Davy 교수에게 편지를 보내 영국 왕립 연구소에 일자리를 구하도록 도와달라고 요청했다. 이 일로 데이비 교수는 친구에게 자문을 구했다.

"패러데이라는 청년이 편지를 보내왔다네. 일자리를 찾을 수 있게 도와달라는데 어쩌면 좋겠나?"

"그 친구에게 연구소에서 실험병을 씻는 일을 시켜보게. 무언가 될 사람이라면 분명 하겠다 그럴 것이고, 아무 쓸모없는 청년이라면 분명 거절할걸세."

데이비 교수는 친구의 말대로 패러데이에게 답장을 했다. 그는 제안을 받아들이고 실험실에서 궂은일을 했다. 패러데이는 낡아서 버려진 실험 기구를 모아 시간이 빌 때마다 다양한 실험을 했다.

패러데이는 실험병 닦는 일을 기회라 여기고 그 일을 놓치지 않았고 각고의 노력 끝에 결국 영국 왕립 연구소의 교수이며 동시대 가장 뛰어난 과학자가 되었다.

대개 사람들은 향기롭고 뛰어난 나무만 찾아 조각품을 만들려 한다. 그 바람에 수많은 보석 같은 기회를 놓친다. 장작으로 쓰이는 보통의 나무로도 뛰어난 작품을 만들 수 있다는 사실을 왜 모르는 걸까.

어떤 사람은 살면서 한 번도 좋은 기회를 만나지 못했다고 한탄하지만, 그와 같은 조건에 있는 어떤 사람은 바로 옆에서 기회를 만들어내고 찬란한 성공을 일군다.

사람의 인생은 하나의 과정이다. 이 과정에는 다양한 기회가 가득 차 있기에 결국 삶은 선택의 과정이라 할 수 있다. 선택은 인생에 영향을 미쳐 앞으로 나아갈 길을 바꿔놓기도 한다. 운명이 안내해주길 기다리기보다 스스로 선택해 미래를 창조해야 한다. 보다 적극적으로 나서는 법을 익혀야 한다.

기회는 운이 아니다

부를 쌓고 성공하는 것이 자신이 타고난 운에 좌우된다고 믿는 어리석은 사람들이 있다. 그들은 언젠가 자신에게 찾아올 운을 기대한다. 언제 올지 모를 운을 기다리며 세월을 허비하는 것은 바로 곁에 다가온 기회를 내치는 셈이다.

현명한 사람은 운을 바라기보다 제 주변의 기회를 정확히 잡아낸다. 이렇게 능동적으로 움직일수록 운도 따르게 되어 있다.

기회는 누구에게나 제 몫이 주어져, 보관해 두었다가 필요할 때 꺼내 사용할 수 있는 게 아니다. 찾아보면 기회는 널려 있지만 언제 누가 와서 그것을 채갈지 모른다. 적극적으로 움직이는 사람이 잽싸게 기회를 낚을 수 있다.

"모든 현실은 그것이 실현되기 전에는 다 머릿속 아이디어에 불과했던 것 아닌가?"

독일 출신의 미국의 정치학자 헨리 키신저Henry Kissinger의 말이다. 꿈을 꾸고 있다면 그것을 실현하기 위해 스스로 일어나라. 성공한 사람은 자신을 믿고 기회를 찾아다니는 열정의 소유자다.

꿈을 이룰 방법을 궁리해라

누구나 자신의 꿈을 설계할 수 있다. 그 계획을 실천하다 보면 어느 날 꿈은 현실이 된다. 그러나 자신의 꿈을 그저 종이에만 적고 실제로 행동하지 않으면 꿈은 몽상으로 끝난다.

두 사람이 똑같이 낚싯대와 미끼를 가지고 각자 낚시를 했다.

그런데 한 사람은 겨우 몇 마리의 물고기를 낚고 다른 한 사람은 바구니가 가득 찰 정도로 많은 물고기를 잡았다. 왜 그런 걸까? 이유는 단순하다. 낚시를 한 장소가 다른 탓이다. 좋은 저수지를 선택해야 큰 물고기를 낚을 수 있다.

에디슨을 만나기 전의 에드윈 C. 반즈Edwin C. Barnes의 생활은 별 볼일 없었다. 그렇지만 노력하지 않은 건 아니었다. 그는 생각하는 걸 좋아해 여러 위인의 전기를 읽고 그 안에서 성공의 도리를 깨우쳤다.

반즈는 에디슨이야말로 가장 좋은 저수지라고 판단했다. 그의 갈망과 목표는 명확했다. 그저 에디슨의 일을 돕는 게 아니라 동료가 되길 원했다.

반즈가 그 목표를 이루려면 두 가지 난제를 해결해야 했다. 첫째, 에디슨은 그를 모른다. 둘째, 에디슨을 만나러 신시내티로 갈 차비조차 없다.

우선 첫째 이유만으로도 대부분의 사람은 행동을 포기할 것이다. 그러나 반즈는 고집스럽고 집요했다. 자신의 목표를 이루지 못하면 죽어도 눈을 감을 수 없을 것 같았다.

에디슨은 후에 반즈와 처음 만난 날을 이렇게 회고했다.

"그는 내 앞에 서 있었습니다. 길거리 부랑자나 노숙자와 다를 바 없을 정도로 차림새가 초라했지요. 그런데 그의 표정만은 누구보다 진지해서 아주 강한 인상을 받았습니다. 마치 철을 삼킨 것처럼 의지가 강해 보였고, 목표를 이루지 못하면 절대 쉴 것 같지 않았습니다. 그래서 나는 그에게 기회를 주기로 결심했습니다. 그는 결심한 것은 끝까지 해낼 것으로 보였고, 이후에 내 결정이 틀리지 않았다는 것을 증명했습니다."

반즈가 에디슨을 만나자마자 그의 동료가 된 것은 아니었다. 처음에는 에디슨의 회사에서 간단한 일을 하며 몇 개월을 보냈다. 자신이 정한 목표와 이상이 조금도 이루어지지 않았지만 그는 처음과 똑같이 에디슨의 동료가 되겠다는 갈망이 가득했다. 반즈는 목표가 이루어질 때까지 절대 포기할 마음이 없었다. 그는 단 한 번도 자신의 처지를 비관하거나 다른 일을 알아볼 생각을 하시 않았다. 오로지 마음속으로 다짐하고 또 다짐했다. 이렇듯 하나의 목표에 쏟아부은 불굴의 의지는 난관을 헤쳐나가는 힘이 되었다.

'내가 여기에 온 건 에디슨의 동료가 되기 위해서다. 나는 반드시 목표를 이룰 거다!'

그때 에디슨이 신형 사무기기를 완성하고 에디슨청사기라고 이름 붙였다. 회사 직원들은 그 기계에 대해 잘 알지 못해 상품성을 확신하지 못했다. 반즈는 자신이 나설 때라는 걸 직감하고 바로 기회를 낚아챘다. 그는 한 달간 뉴욕을 돌며 에디슨청사기를 총 7대 판매했다. 그러고 나서 사무실에 돌아오자 에디슨이 그에게 서류를 내밀었다. 미국 전역 세일즈 독점 계약서였다. 이렇게, 좋은 저수지 에디슨은 반즈에게 정식으로 개방되었다.

이 저수지를 통해 반즈는 부자가 되었고 그 후에도 자신을 넘어서려는 노력을 게을리하지 않았다. 그는 아무것도 가진 게 없었지만 목표를 달성하기 전까지 절대 포기하지 않는 강한 의지력으로 결국 성공했다.

04

목표
전체 상황을 이해하지 못하면
그 일은 절대 성공할 수 없다

_1936년 12월 '중국 혁명전쟁의 전략 문제'에서

5·4운동* 전기에 마오쩌둥은 사상을 세우는 데 그만의 특별한 법칙이 있었다. 무엇인가를 탐색할 때 우선 그 사물의 '본질'을 파악하는 것이다. 즉 크게 보고 근본을 파악한 뒤 점차 세세한 부분을 이해하는 식이다.

마오쩌둥은 무엇이든 먼저 본질을 파악해 가장 주요한 모순을 밝혀내고 그다음 작은 것을 큰 흐름에 맞춰야 한다고 주장했다.

당시 그의 마음속의 본질 즉 근원은 객관적 유심주의 철학가 노자老子의 '도道', 플라톤Plato의 '합리주의적 윤리학', 게오르크 헤겔Georg Hegel의 '절대적

• 1919년 러시아 혁명의 영향을 받아 베이징의 대학생을 중심으로 일어난 반제국주의·반봉건주의 혁명운동으로, 중국의 근대화를 서두르는 계기가 되었다 – 역주

정신'과 비슷했다. 본질 즉 근원은 우주 성장과 발전의 근본 원칙인 것이다. 이는 송나라 주희朱熹가 말한 '세상의 모든 일과 사물의 근원은 하나의 본질이며, 큰 본질이 바로 서지 못하면 작은 규칙이 바르지 못하게 된다.'와 같은 맥락이다.

멋모르고 뛰어들지 마라

일을 제대로 파악하지 못해 현실과 맞지 않는 길을 선택하고 결국 실패로 끝을 맺는 사람을 종종 보게 된다. 목적을 정할 때 반드시 기억해야 할 것이 있다. 목적은 세웠으나 정확히 이해하지 못했다면 행동을 잠시 보류해야 한다는 것이다. 무작정 돌진하다간 목적을 실현하지 못하는 것은 물론 인생의 가장 아름다운 시절을 헛되이 낭비하게 된다.

어느 바닷가 마을에 목동이 살고 있었다. 그는 바다가 내려다보이는 언덕 위에 작은 초가집을 짓고 양을 키웠다. 양 떼가 풀을 뜯어먹는 것을 바라보고 있노라면 그는 무척 행복했다. 부유함이 뭔지는 몰랐지만 가난을 겪지 않았고, 늘 여유로웠기 때문에 동네 사람들은 그를 부러워했다.

그러던 어느 날, 마을에 화물선이 들어오기 시작했다. 목동은 그 모습을 유심히 지켜보았다. 배 안에서 갖가지 진귀한 물건이

나오는 게 무척 신기했다. 목동은 갑자기 욕심이 생겼다. 배만 있으면 큰 부자가 될 것 같은 환상에 사로잡혔다.

그는 깊이 생각하지 않고 곧바로 초가집과 양 떼를 팔아 그 돈으로 작은 배와 장사할 물건을 샀다. 먼 곳으로 나가 무역업으로 부자가 되겠다는 부푼 꿈을 안고 마을을 떠났지만 청년은 얼마 못 가 다시 되돌아왔다. 바다에서 풍랑을 만나 배가 난파하는 바람에 재산을 전부 잃고 가까스로 목숨만 건진 것이다.

중국에서는 몇 년 전 '창업의 바다'로 나가자는 열풍이 불어 여러 사람의 마음을 흔들었다. '바다로 나가자'는 말은 마치 모험, 성공, 부자 또는 더욱 가치 있는 삶과 동의어처럼 여겨진다. 그리고 실제로 수많은 사람이 혹해 용감하게 바다로 나갔다.

그때 바다로 나가지 않은 사람들은 기회를 잡지 못한 것을 후회하기도 한다. 그렇지만 '바다로 나간다'가 무엇을 의미하는지는 당시 거대한 풍랑을 경험해본 사람만이 알 것이다.

바다는 고요할 때도 있지만 변화무쌍함을 가지고 있고, 그 안에는 부와 모험이 있다. 바다는 꿈을 이루어주기도 하지만 전부를 빼앗을 수도 있다. 미래를 좌우하는 것은 바다에 나간 그 사람이 어려움을 헤쳐나갈 수 있는 능숙한 선원인가 하는 점이다.

바다에 나가는 것이 모든 이에게 적합한 건 아니다. 또 바다에 나갔다고 전부 부자가 되는 것도 아니다. 평화롭고 담백한 삶을 꿈꾼다면 또는 사물에 대한 이해가 부족하다면 멋모르고 뛰어들지 마라. 목동처럼 아무것도 남지 않는 결과를 맞이할지도 모른다.

잘못 들어선 길에서 지체하지 마라

인생에 꿈을 추구하는 것은 길을 걷는 것과 같다. 어디로 가야 할지 알지 못하면 어둡고 긴 골목에 들어설 수도 있다. 이때 얼른 골목에서 벗어나 새로운 길을 선택하지 않고 머뭇거린다면 돌이킬 수 없는 후회가 남을 것이다.

주변을 둘러보면, 꿈을 가지고 확실한 청사진을 세웠는데 일이 잘 안 풀리는 사람이 있다. 가만히 관찰하면 이들은 객관적 사실에 대한 인식이 부족해 잘못된 선택을 한다.

1954년 노벨 화학상 수상자인 미국의 라이너스 폴링Linus Pauling 교수는 이런 말을 했다.

"좋은 연구자는 어떤 연구안을 계속 발전시키고 어떤 연구안을 포기해야 하는지 알고 있어야 한다. 그렇지 않으면 귀중한 시간을 쓸데없이 낭비하게 된다."

일을 하다 보면 오랜 시간과 노력을 들였는데 성과 없이 진퇴

양난에 빠지는 경우가 있다. 아마 어두운 골목으로 들어간 느낌일 것이다. 이때 가장 현명한 판단은 얼른 골목에서 나와 다른 길을 선택하고, 노력하며 다시 때를 기다리는 것이다.

뉴턴은 젊은 시절 영동기永動機* 추종자였다. 그는 실험이 계속 실패하자 크게 실망했다. 뉴턴은 깊이 고민한 뒤 결국 영동기 연구를 포기하고 대신 역학 연구에 온 힘을 기울였다. 당시 그와 함께 영동기를 연구한 수많은 학자는 역사 속으로 사라졌지만 뉴턴은 다른 길을 선택해 후세에 이름을 남겼다.

모든 길은 로마로 통한다지만, 그 길이 어떤지 전혀 모르는 사람은 이에 동의하지 않을 것이다. 사람마다 처한 상황과 그것을 바라보는 관점이 다르다. 또 나름의 독특한 생각이 있으며 각기 다른 요구를 하고 희망, 가치관, 장점도 전부 다르다, 그런데도 사람들은 남의 방식을 그대로 답습하려고 한다. 자신이 하려는 일에 대해 구체적으로 알고 탐구하기보다는 당장의 욕심에 눈이 멀어 맹목적으로 뛰어든다. 이러한 행위는 자신의 본질을 위반하는 것이기에 아무리 노력해도 곤경을 벗어나기 힘들다.

포부를 가지고 있는 사람은 의지력이 강하다. 그러나 현상에 대

• 열량의 소비 없이 계속 작동하는 동력기 – 역주

한 이해 없이 의지력만 믿고 일을 추진하면 성공을 놓치게 된다.

명확한 목표를 세워라

무엇을 하든 우선 마음속으로 명확한 목표를 세워야 한다. 그 다음으로 절대 경망한 행동을 해서는 안 된다. 신중하게 필요한 준비를 해야 한다. 섣불리 뛰어들면 목표는 허무하게 사라지고 말 것이다.

목표를 명확히 하면 전문성이 강화되고, 전문성은 행동을 완벽하게 만들어준다. 또 고도의 경각심을 갖게 해 재빨리 기회를 잡는 데 도움이 된다. 특정 영역에 대한 전문적인 능력과 그 일을 끌고 나가는 추진력은 일생의 성취에 깊이 영향을 미친다.

목표 달성을 위해 준비해야 할 첫째는, 매일 어느 정도의 노력을 기울여야 하는지 계획을 세우는 것이다. 시간과 돈을 계산해 적절히 안배하면 목표로 향하는 길이 순조롭고, 이후 1분 1초가 발전하는 시간에 쓰이므로 이익일 뿐 아니라 보다 유효하다.

에드워드 보크Edward Bok는 대필을 해주는 회사의 대표로 6명의 직원을 두고 있었다. 어느 날 그는 오페라를 보러 갔다가 매우 불쾌함을 느꼈다. 팸플릿이 문제였다. 책자가 커서 보기 불편하고, 인쇄 품질도 엉망이라 돈이 아까울 정도였다. 그는 이런저런 불만을 토로하다가 문득 새로운 아이디어를 떠올렸다.

'휴대가 간편하게 팸플릿의 크기를 줄이고, 디자인을 세련되게 하고, 관객의 흥미를 끌 만한 글을 집어넣으면 어떨까?'

그는 즉각 실행에 옮겨 팸플릿 샘플을 만든 다음 그것을 극장 대표에게 보여주었다.

"제가 디자인한 팸플릿입니다. 제게 팸플릿 독점 제작권과 여기에 광고를 실을 수 있는 권한을 주시면 앞으로 팸플릿을 공짜로 제공하겠습니다."

극장 대표는 제안을 기쁘게 받아들였다. 그는 그것을 기점으로 도시의 모든 극장과 팸플릿 제공 계약을 맺었다. 독점 제작이다 보니 그의 회사는 급속도로 알려지기 시작했다. 점차 광고주가 늘어 엄청난 광고 수입이 발생했다. 그 돈으로 그는 잡지사를 차려 몇 종류의 잡지를 창간하고 〈Ladies Home Journal〉은 본인이 직접 편집장으로 일하며 운영했다. 현재 그는 미국 저널리즘 역사상 가장 성공적인 잡지 편집인으로 평가받고 있다.

성공한 사람은 성공할 사람을 알아본다

철도 기술자로 일하는 젊은이가 있었다. 그는 항상 열심히 일하고 검소한 생활을 했다.

그런데 어느 날, 그가 이해하지 못할 괴상한 행동을 하기 시작했다. 그간 저축한 돈을 전부 인출해 시카고 자동차 박람회에 가서 5,000달러가 넘는 차를 사더니 그 차의 모든 부품을 하나하나 해체하고 다시 조립하기를 반복한 것이다. 그 모습을 본 이웃 사람들은 그가 미친 게 틀림없다고 소근거렸다.

이 청년은 바로 미국의 대표 자동차 회사인 크라이슬러의 창업자 월터 크라이슬러Walter P. Chrysler다.

명확한 목표를 가진 자의 삶이 어떠한지 알지 못하고, 성공의 의지가 꿈을 이루는 데 얼마나 중대한 영향을 미치는지 모르는 사람들은 대기업도 높은 빌딩도 없는 작은 도시 생활에 만족하고 살 수밖에 없다.

성공하는 사람은 신속히 결정하고, 한번 정한 것은 쉽게 바꾸지 않는다. 반면 실패하는 사람은 결정이 느리고, 정한 뒤에도 계속 번복한다.

명확한 목표가 있는 사람의 언행은 다른 이에게 신뢰감을 준다. 따라서 일을 성사시킬 수 있는 기회를 쉽게 잡는다. 또한 성공한 사람은 성공할 사람을 알아보기에 이미 꿈을 이룬 이들에게 도움을 받을 수도 있다. 반면, 목표 없이 떠도는 사람은 목표를 정하고 달리는 사람의 들러리밖에 될 수 없다.

명확한 목표를 갖는 가장 큰 장점은 마음을 열고 믿음을 주고받게 되는 것이다. 이런 특징은 사람을 적극적이게 하고 회의와 불신, 우유부단, 속박에서 벗어나게 한다. 믿음에서 나오는 성공 의식은 사람의 머리와 마음속을 성공하겠다는 신념으로 가득 차게 해주고, 어떤 실패도 거부하는 정신을 준다.

준비

우리의 임무는 강을 건너는 것이다
그러나 다리가 없고 배가 없으면
강을 건널 수 없다

_1934년 1월 27일 '군중 생활에 관심을 기울이고 공작 방법에 주의하라'에서

"적이 오면 후퇴하고, 적이 후퇴하면 나가고, 적이 강하면 흩어지고, 적이 지쳐 있으면 교란시킨다."

마오쩌둥의 유격전에서의 원칙이다. 이 말은 곧 '힘든 싸움은 하지 않는다'로 귀결되며, 싸우지 않는 세 가지 원칙이기도 하다.

1. 지리를 모르고, 적의 정황을 모르면 싸우지 않는다.
2. 길이 험하고 잘 모르는데, 안내할 사람도 없으면 싸우지 않는다.
3. 승리의 확신이 없으면 싸우지 않는다.

유격전은 적의 힘을 이용해 승리를 이끌어내는 전술이다. 적의 허를 찔러야 하기에 아군과 적군의 실력 차와 정황을 정확히 분석하지 않으면 승리할 수 없다.

예를 들어 중국의 공산당은 국민당에 비해 군대의 규모와 각종 장비가 절대적으로 열세였지만 행군 속도가 훨씬 빨랐다. 그들은 하룻밤에 50킬로미터를 너끈히 이동하는 이점을 이용해 밤새 달려 국민당이 미처 잠에서 깨기 전에 그들의 진영에 쳐들어가 여러 번 승리했다. 국민당은 항복을 외치고 나서 공산당의 수가 자기네보다 한참 적다는 것을 알고 황당해하기도 했다.

유격전을 펼치면 시간과 자원을 절약할 수 있지만 그렇다고 자원이 하나도 없으면 도전할 수 없다. 비즈니스에서의 유격 전술은 우선 목표한 시장에 자원을 집중해 대기업보다 빨리 쏟아붓는 것이다.

기회는 준비된 사람을 편애한다

성공한 사람의 인생 역정을 분석해 보면 그들은 멍청히 행운이 오기를 기다리지 않고 기회가 왔을 때 그것을 부여잡을 준비를 했다. 보통 사람보다 오랫동안 만반의 준비를 갖추고 있었던 것이다. 마치 한 톨의 씨앗이 땅속에서 양분과 에너지를 비축하고 있다가 봄바람이 부르는 소리를 듣고 흙을 헤치고 나오는 것과 같다.

왜 어떤 사람에게는 자주 기회가 주어지는 것일까. 왜 똑같이 기회를 잡아도 누구는 성공하고 누구는 실패하는 것일까. 왜 어떤 사람은 아무것도 가지지 못했음에도 행운을 잡고, 어떤 사람은 뛰어난 조건을 갖추고 있는데도 결과가 좋지 않은 것일까. 해답은 간단하다. 잘되는 사람은 행동하기 전에 미리 충분한 준비 작업을 하고 기회가 다가오면 곧바로 일을 시작해 원하는 성과를 얻는다.

어떤 의미에서 기회는 사람이 만들어내는 것이다. 무언가를 이루고자 하는 의지와 노력이 환경을 변화시켜 기회를 불러온다. 대개 유명 인사는 기회를 만들어내는 고수로, 언제나 노력하고 분투한다. 그들 역시 시작할 때는 기회를 찾아 동분서주하지만 실력이 쌓여 일정 수준에 도달하면 기회가 자연히 찾아온다. 또, 소양과 능력을 쌓을수록 지명도가 높아져 발전의 기회가 많아진다. 그런 점에서 기회는 노력에 대한 일종의 긍정과 보상이라 할 수 있다.

중국의 유명 배우 요우번창游本昌은 연극 《제공濟公》으로 이름을 얻었다. 그의 이름은 언제나 '제공'이라는 역사적 인물의 형상과 더불어 사람들의 가슴속에 새겨져 있다.

그가 처음부터 성공 가도를 달린 건 아니다. 《제공》을 공연할 당시 그의 나이는 50세였다. 제공이라는 역할을 맡기까지 그는 30년이라는 세월을 기다렸다. 그 시간 동안 연기를 하며 수많은 고난과 외로움을 이겨냈기에 그는 마침내 성공한 것이다.

요우번창은 어렸을 때부터 배우의 연기를 흉내 내는 것을 좋아하고, 연기에 대한 열정이 가득했다. 그는 상하이 희극 학원에 입학했고, 대학교 졸업과 동시에 그렇게 들어가기 어렵다는 중앙실험극단에 입단해 최고의 행운을 잡은 듯했다. 그러나 그날이 불운이 시작이라고는 누구도 예상하지 못했다.

그는 30년간 하나같이 작고 보잘것없는 역할을 맡았다. 연기자에게 이런 상황은 비극이 아닐 수 없다. 그러나 그는 굴하지 않고 매일 연습과 훈련을 하며 작은 역할이라도 최선을 다해 연기했다.

"작은 역할은 있어도, 작은 배우는 없다."

"연기를 사랑하는 것이지 연기 속의 자신을 사랑하는 것이 아니다."

평소 그는 이 같은 신념을 가지고 힘든 무명 시절을 이겨나갔다. 공연이 끝나고 팬들에게 둘러싸여 있는 유명 스타를 멀찍이 서서 바라봐야 했던 그 시기를 요우번창은 이렇게 회고한다.

"나 자신이 처량하다고 생각하지 않았다. 당연한 일이고 이해할 수 있었다. 그러나 나 역시, 루쉰의 말대로 조용히 전투를 치르고 있었다."

'조용한 전투'는 오랜 고통과 외로움의 시간을 용감하게 견디고, 투쟁을 치르면서 기회가 왔을 때 잡아 성공하는 것이다.

꿈의 크기만큼 준비와 노력의 값을 치러라

대학에 들어가고 싶다면 시험에 대비해 열심히 공부해야 하고, 운동경기에서 우승하고 싶으면 끊임없이 훈련해야 한다. 대충대충 하면서 성공하는 사람은 없다.

증기기관을 발명한 제임스 와트James Watt의 인생사는 우리에게 많은 교훈을 준다.

그는 1736년 스코틀랜드의 작은 마을 그리녹에서 태어났다. 아버지는 선박을 수리·제조하고 각종 기구를 생산하는 작은 공방을 경영했고, 어머니는 명문 귀족 가문 출신이었다. 좋은 가정환경의 영향으로 와트는 어렸을 때부터 지식욕이 매우 강했다. 어떤 일이든 호기심이 생기면 반드시 알아내야 했다. 그에게 있어 가장 즐거운 놀이는 아버지의 공방에서 각종 실험 기구를 가지고 노는 것이었다.

초등학교 때 그는 말이 없고 조용해 누구의 주목도 받지 못했다. 심지어 '어리석고 똑똑하지 못한 아이'라는 평을 들었다. 중학교에 입학하면서부터는 재능이 점차 드러나기 시작해 수학 천재라는 소리를 듣기도 했다.

잘나가던 아버지의 가게가 문을 닫던 해 와트는 17세였다. 그는 아버지를 돕기 위해 런던으로 가서 기술을 배우고 돌아와, 수학 도구를 생산하는 공장을 세울 결심을 했다. 어른스러운 아들의 결심에 감동한 아버지는 그의 의견에 동의했고 그렇게 와트는 런던으로 떠났다. 런던에 도착한 지 얼마 되지 않아 와트는 유명한 기계 기술자의 제자가 되었다. 그는 열심히 배워 보통 7년이 걸려야 익히는 기술을 4년 만에 해치웠다.

다시 고향으로 돌아온 와트는 집안을 일으키려고 했지만 몇 번의 실패를 하고, 글래스고대학교의 실험 기기 수리공으로 취직했다.

그곳에서 와트는 많은 과학자와 접하게 되었다. 어느 날, 수증기가 증발하는 모습을 바라보고 있는 그에게 한 교수가 다가와 자기 실험실에 가지 않겠느냐고 물었다. 이렇게 그는 혜안을 지닌 조지프 블랙Joseph Black 교수를 만나 그의 실험실에 가서 수많은 과학 이론을 배웠고, 이때 배운 지식은 후에 증기기관을 발명하는 데 중요한 기초가 되었다.

후에 와트는 뉴커먼기관Newcomen을 수리하는 곳으로 배정받았다. 생각하는 것을 좋아하고 지식욕이 많은 와트는 한 가지 사실을 발견했다. 뉴커먼기관의 증기 배출 실린더가 아주 작은 데

비해 발생하는 증기량이 많아 열량이 낭비되고 있는 것이었다. 그는 블랙 교수를 찾아가 이 문제를 논의했다. 와트는 블랙 교수의 지도하에 물이 증기로 변하면 부피가 1,800배 증가한다는 사실을 계산해냈고, 이 근거에 따라 뉴커먼기관 실린더를 크게 만들었다. 그리고 오랜 시간의 노력을 거쳐 1781년 와트는 마침내 복동식 증기기관과 와트식 증기기관을 발명했다. 이렇게 세계는 증기기관 시대로 접어들었고, 이를 계기로 산업혁명이 일어났다.

먼 곳에 아름다운 풍경이 있다. 그곳에 가려면 땀을 흘리며 걸어야 한다. 아름다운 글이 있다. 이 글은 작가가 머릿속으로 구상하고 고심하며 한 자, 한 자 써내려간 것이다.

꿈으로 가는 길을 닦아라

꿈은 하루아침에 실현되지 않는다. 씨앗을 심어야 열매를 얻을 수 있듯 이상을 실제로 이루려면 희망의 씨앗을 뿌려야 한다.

"지금 당장 꿈을 실현하지 못하더라도 바른 방향으로 나아간다면 끝판에는 예상한 것보다 큰 성과를 거둘 것이다."

빌 게이츠Bill Gates는 어려서부터 매우 똑똑했다. 11세 때 수학과 자연과학은 이미 또래의 수준을 넘어섰고, 학교 교육과정만으로는 지식욕을 채울 수 없었다. 부모는 그의 천재성을 알고 새로운 학교를 찾았다.

시애틀에 있는 레이크사이드 중학교는 남학생만 받는 명문 사립으로, 이곳에 다니게 된 빌게이츠는 마치 물을 만난 물고기처럼 자신의 재능을 발전시켰다.

레이크사이드 중학교는 학생들에게 컴퓨터를 가르치려는 중대한 결정을 내렸다. 당시 컴퓨터는 수백만 달러의 엄청난 고가품으로 아무리 돈 많은 사립학교라 해도 쉽게 구입할 수 있는 물품이 아니었다. 교장은 우선 상대적으로 가격이 저렴한 전자 타자기를 구입한 후, 사용자는 전자 타자기로 입력하고 전화선을 통해 PDP-10 컴퓨터 1대와 연결해 사용하게 했다.

어느 날 빌 게이츠는 컴퓨터실에 갔다가, 타자기를 사용해 지령을 입력하면 곧바로 PDP-10 컴퓨터로 전달되는 과정을 보고 깜짝 놀랐다. 그는 컴퓨터에 엄청난 흥미를 느꼈다.

그날부터 빌 게이츠는 시간만 나면 컴퓨터실에 가서 다양한 시험과 연습을 했다. 그리고 학교 컴퓨터실에서 폴 앨런 Paul Allen 을 만나 그와 일생을 함께 하는 친구가 되었다. 그들은 작은 방에 모여 함께 공부하고 컴퓨터에 관련된 각종 지식을 스펀지처럼 흡수했다.

빌 게이츠는 학교 컴퓨터실에서 생애 최초의 컴퓨터 체스 게

임과 프로그램을 만들었다. 물론 그의 관심은 게임의 승패가 아니라 어떻게 하면 컴퓨터를 잘 다룰 수 있는가 하는 점이었다. 얼마 후, 빌 게이츠와 폴 앨런은 다시 새로운 게임과 소프트웨어를 만들었다. 오락성이 강하긴 했지만 그로부터 컴퓨터 혁명이 시작되었다.

빌 게이츠는 학업 면에서도 빠른 발전을 보였는데, 특히 튼튼한 기초 수학과 과학 지식은 그의 창의적인 사고의 기본이 되었다. 그는 컴퓨터 과학의 수학 기초 구성에 특히 관심이 있었다. 후에 빌 게이츠는 수학과 컴퓨터의 관계에 대해 이렇게 말했다.

"유명한 컴퓨터 학자들은 모두 수학적 지식이 풍부하다. 수학은 논리의 순수성을 증명하는 데 큰 도움을 준다. 수학에서는 정의를 이용해 각종 잠재 방식의 연관을 증명하고, 가능한 짧은 시간에 문제를 해결해야 한다. 수학과 컴퓨터 프로그램 설계는 아주 직접적인 관련이 있다. 이 점은 내가 다른 사람보다 영원히 앞선다고 생각한다. 왜냐하면 이것이 내가 보는 문제의 출발점이고, 이 두 가지 사이에는 자연적인 연관이 있다고 생각하기 때문이다."

빌 게이츠의 천재성은 문제를 해결하는 방식을 잘 찾는 데 있었다. 그리고 열린 사고, 지식, 풍부한 경험도 갖추었다. 당시 학교 수학 주임을 맡았던 교사는 빌 게이츠를 이렇게 평가했다.

"그는 수학 문제를 푸는 방법이나 컴퓨터 문제를 해결하는 빠른 길을 잘 찾아냈다. 가장 단순한 방법으로 수학 문제를 해결하는 모습이 마치 노련한 수학자 같았다."

빌 게이츠의 컴퓨터 기술은 레이크사이드 중학교 내에서 단연 최고였다. 상급생들도 그를 찾아와 자문을 구하거나 도전을 했다. 폴 앨런 역시 그중 한 명이었고, 문제가 생길 때마다 빌 게이츠를 찾아와 이렇게 말했다.

"내가 맹세하건대 너는 이 문제를 절대 못 풀걸."

지는 걸 싫어한 빌 게이츠는 몇 날 며칠이 걸려서라도 어떻게든 방법을 동원해 문제를 풀었다. 그들은 이런 시합과 도전을 통해 서로의 실력을 키워갔다.

후에 그들은 몇몇 친구와 '레이크사이드 프로그래머 조직'을 만들었다. 이 집단의 목표는 컴퓨터를 이용해 현실에서 비즈니스 기회를 찾아 부자가 되는 것이었다. 단순해 보이는 생각이었지만 이는 빌 게이츠가 성공하는 데 행동의 나침반이었다.

흥미만으로는 인생의 견실한 기초를 다지고 일을 하기 위한 완전한 준비를 마칠 수 없다. 흥미는 마치 자석처럼 성공을 위해 반드시 갖춰야 할 지식을 곁으로 끌어당기는 역할을 할 뿐이다.

열정
세상에서 가장 두려워해야 할 것은 진지함이다

_1957년 11월 17일, 모스크바 회의 중 중국 유학생을 만난 자리에게

사범학교에 다니던 시절 마오쩌둥은 철학, 중국어, 역사와 지리 등을 집중적으로 공부했고 미술이나 수학 등은 소홀히 했다. 당시 친구에게 보낸 편지를 보자.

"예전에 잘못된 생각으로 공부는 무조건 하면 되고, 과학 같은 실용적 학문이 중요하다고 생각했다네. 오늘 여러 선생님과 친구들의 생각을 들으니 식견이 넓어지고 조금 더 멀리 바라볼 수 있게 되었네. 그래서 나름대로 학습의 길을 정했다네. 먼저 넓게 나중에 깊게, 먼저 중국 것을 후에 서양 것을, 먼저 일반적인 것을 나중에 전문적인 것을. 이것이 이제부터 내 학습 방침이라네."

마오쩌둥은 그렇게 길을 정한 후로는 매일 새벽닭이 울기 전에 일어났고, 밤에는 달빛을 등불 삼아 1분 1초도 낭비하지 않고 공부했다. 그 습관은 나이가 들어서도 계속되었다.

그는 《이십사사二十四史》, 《자치통감自治通鑒》, 《소명문선昭明文選》, 《한창여전집韓昌黎全集》 등 중국 사상가의 저작뿐 아니라 성과 현에서 발행한 과거부터 현재까지의 각종 사료도 빠짐없이 읽었다.

친한 친구인 수쯔성肅子升에게 보낸 편지를 보면 당시 마오쩌둥은 77종의 중국 고대 경經, 사史, 자子, 집集의 저작을 읽었다고 적혀 있다.

중국 고전은 청년 마오쩌둥이 인격을 수양하고 지혜를 기르는 데 깊은 영향을 미쳤다.

지금 행동하라

인생의 목표를 실현하려면 무슨 일이든 생각에만 머무를 게 아니라 실제 행동으로 옮기는 것이 중요하다.

주변을 둘러보면, 인생에 추구하는 목표와 꿈에 대해 그저 말만 하는 사람들이 있다. 이야기를 들어보면 구구절절 옳고, 계획도 있고, 포부도 거창한데 그들은 결국 성공하지 못한다. 매 순간 진지하고 치열하게 임하지 않고 그저 말로 모든 걸 다하는 탓이다. 치밀하게 계획을 세우고, 말을 조리 있게 해 자신의 꿈을 멋지게 포장하지만 실제 행동하지 않는 사람에게 성공은 영원히 잡을 수 없는 아름다운 몽상으로 남을 뿐이다.

성공하는 사람은 입으로만 멋진 그림을 그리는 게 아니라 꿈과 목표를 이루기 위해 치열하고 착실하게 한 걸음씩 발을 내딛는다. 언제나 진지한 태도로 끝까지 일을 완성한다.

영국의 정치가 윈스턴 처칠Winston Churchill은 매일 17시간을 일했다. 그 시간 동안 10명의 비서도 그와 함께 정신없이 일했다. 처칠은 정부 기구의 작업 효율을 높이기 위해 간단명료한 시스템을 도입했다. 그는 행동이 느리고 일의 효율이 떨어지는 몇몇 관료를 눈여겨보고 그들이 들고 다니는 지팡이에 '지금 바로 행동해라'라고 써 붙였다.

오늘만이 가장 잠재력 있고 가장 가치 있다. 오늘만이 인생의 의미를 알 수 있고, 오늘이 있어야 '내일'이라는 그림을 완성할 수 있다.

"지금부터 당장 노력하라."

이 단순한 말이야말로 가장 중요한 행동 격언이다. 이 말은 성공만을 위한 게 아니라 어떤 영역에서든 꿈꾸는 것을 이루기 위한 가장 기본적이고 중요한 요건이다. 지혜를 이용해 오늘의 보물을 캐고, 땀을 흘려 오늘의 생활을 발전시켜야 한다.

풍경화로 유명한 프랑스의 인상파 화가 카미유 코로Camille Corot에게 한 젊은이가 찾아와 자신이 그린 그림을 보여주며 지도를 부탁했다. 코로는 몇 가지 부족한 점을 지적했다.

"감사합니다. 내일 지적해 주신 부분을 고쳐 오겠습니다."

청년의 말에 코로가 말했다.

"왜 내일이지요? 내일이 되어야 할 수 있나요? 만약 오늘 밤 당신이 죽는다면 어떡하나요?"

왜 일하는가

장기적인 인생의 목표를 이루기 위해 일하는지 단순히 돈을 벌기 위해 일하는지 반드시 진지하게 고민해야 할 문제다.

"돈은 바닷물과 같다. 먹으면 먹을수록 목마르다."

아르투르 쇼펜하우어Arthur Schopenhauer의 말이다. 생활하는 데 돈이 없어선 안 되지만 그렇다고 일생 오로지 돈만 추구한다면 결국 아무것도 남지 않게 된다.

미국 펜실베이니아 주의 작은 마을에서 태어난 한 아이는 가난한 집안 형편 탓에 5세 때부터 마부로 일했지만 후에 저명한 기업가가 되었다. 엄청난 열정과 독창적인 생각으로 많은 이들을 놀라게 한 그는 바로 미국 경제계의 권위자이자 세계 3대 철강 회사의 하나인 베들레헴 스틸Bethlehem Steel의 찰스 슈왑Charles Schwab이다. 슈왑처럼 성공하고 싶다면 그의 성공 비결을 기억해라.

그는 일자리를 구할 때 월급은 별로 신경 쓰지 않았다. 새로운 일이 과거와 비교해서 얼마나 발전 가능성이 있는가 하는 점을 가장 중요하게 생각했다. 돈을 중심에 두지 않았기에 자신이 선택한 인생 목표를 보지 못하는 오류를 피할 수 있었다.

또, 그는 새로운 일을 맡게 되면 그 분야에서 가장 뛰어난 능력을 보이는 동료 한 사람을 목표로 정해 투지를 다졌다. 또한 항상 낙관적 태도로 즐겁게 맡은 일을 처리했다. 자신의 공을 과시하기보다는 회사의 입장에서 가장 적절하고 정확하게 일했기 때문에 회사 사장은 중요한 일이 있을 때마다 그를 불러 의견을 물었다.

직장에서 빨리 자신의 공을 드러내 성공하고 싶다면 다른 사람이 실패했거나 이루지 못한 일 또는 할 수 없는 일이나 급박하게 처리해야 하는 일을 해야 한다. 그럴수록 당신보다 자격이 월등하거나 오래 일한 동료 또는 지식이 많은 동료를 추월할 수 있다. 또, 상사나 고용주의 신임을 얻어야 한다. 믿을 수 없는 직원을 발탁하는 바보짓을 할 고용주는 세상에 없다. 그들은 보지 않는 것 같아도 어떤 직원이 믿을 만하고 누가 믿을 수 없는지 관찰하고 있다. 어째서 일이 지연되었는지, 누구의 책임인지 전부 알고 있다. 그들이 바라는 인재는 어떤 상황에서도, 앞에서나 뒤에서나 열심히 일하는 사람이다. 충직하고 성실한 직원을 싫어할 상사나 고용주는 없다. 열심히 노력하고, 신속히 일을 처리하고, 고용주의 입장에서 생각하고 독특한 기획안을 제출한다면 자연스럽게 주목을 받아 요직에 중용될 것이다.

'상사나 고용주가 시키는 대로 하면 되겠지.' 라는 생각은 버리는 게 좋다. 직접 고민하고 낸 의견이라야 다른 사람에게 제대로 설명할 수 있다. 누가 시켜야 움직이는 습관이 몸에 밴 사람은 아무리 가지고 있는 능력이 대단해도 무엇을 하려는 열정이 없기에 어떤 일도 추진할 수 없다. 자기 업무에 열의를 가지고 덤벼들면 다른 사람의 지시를 듣지 않아도 알아서 할 일을 찾아내게 된다.

상사가 자리를 비우면 곧바로 딴짓을 하고, 지시하지 않으면 일하지 않고, 대충대충 일하고, 잔꾀를 부리고, 자신이 하는 일에 비해 월급이 적지 않은지 불평하고, 특별수당이나 보너스가 없으면 움직이지 않고, 아무 개선책도 내놓지 않고 투덜거리고, 동료에게 무관심하거나 무시하는 사람은 아무리 학벌이 좋고 지식이 풍부해도 성공할 가능성이 희박하다.

겉으로 보이는 능력은 뛰어난데 낮은 직위에 머무르거나 적은 월급을 받는 사람이 있다면 그는 분명 일하는 태도에 문제가 있을 것이다. 자신의 능력에 비해 대우를 받지 못한다고 느껴 언제나 남의 탓을 하는 사람이 있다. 왜 그런 취급을 받아야 하는지 납득할 수 없다면 자신이 어떤 직원인지 고용주의 입장에서 한 번 생각해보라.

성실하고, 매사 노력하고, 인간관계가 원만하고, 적극적인 태도를 지닌 직원이 바로 회사가 필요로 하는 인재다. 이런 사람은 다른 이들보다 빨리 승진하고 성공한다.

삶을 지탱하고 있는 고리가 있다. 어떤 것은 낡아 부식되었고, 어떤 것은 반짝 윤이 나고 견고하다. 이 고리는 하나로 연결되어야 제 역할을 다할 수 있다. 단단한 고리를 내세우며 자만하기 전에 끊어질 듯 약한 고리를 추슬러야 한다. 고리가 끊기는 순간 위기에 직면하게 된다. 어느 순간에서도 자신의 취약점을 잊어서는 안 된다.

자기 것을 찾아라

성공한 사람에게는 몇 가지 공통점이 있다. 자신의 이상을 추구하는 길에 주어진 몇 번의 선택의 시기에 늘 진지하게 고민해 결정을 내리고, 그 선택으로 운명을 바꾼다는 것이다. 분명 능력은 있는데 성공하지 못하는 사람을 보면 그들의 진지하지 못한 태도가 문제되는 경우가 많다.

다년간 수많은 사람을 상담한, 한 심리학자는 이런 말을 했다.

"가장 최악의 심리적인 문제는, 자신의 이상을 실현하기 위해 갖춰야 할 능력과 조건에 대해 단 한 번도 진지하게 생각하지 않는 것이다."

이러한 문제는 특히 연예계와 예술계에 많다.

할리우드의 명감독인 샘 우드Samuel Wood는 이런 말을 했다.

"신인 배우에게 연기 지도를 할 때 가장 골치 아픈 것은 어떻게 하면 그들이 갖고 있는 매력과 연기를 끌어내는가 하는 점이다. 그들은 하나같이 제2의 라나 터너Lana Turner나 클라크 게이블Clark Gable이 되려 한다. 그러나 관객의 입맛은 끊임없이 변화해 새로운 것을 찾기 마련이다. 관객이 원하는 건 새로운 우상이지 전통적인 형상이 아니다."

샘 우드는 감독으로 활동하면서 몇 년간 부동산업에 종사한 적이 있었다. 그때 세일즈 관련 경험을 연예계에 빗대어 이런 이야기를 했다.

"당신은 오랑우탄이 될 수 없고 학이 될 수도 없다. 몇 년간의 경험에 비추어 충고하자면, 다른 사람이 되고 싶다는 그 생각을 얼른 버려라. 오로지 자신에게 속한 것, 자신의 것에서 진지하게 선택해라. 거기에서 성공의 길을 찾을 수 있다."

사람은 일생 잠재 능력의 10분의 1밖에 사용하지 못한다. 잠재된 '자아'와 비교하면 겉으로 드러나는 '나'는 반도 깨나지 못한 상태라는 것이다. 누구든 내면에 놀라운 능력이 있는데, 왜 그 능력을 활용할 생각을 진지하게 하지 않는가.

타인을 부러워하며 우울해할 시간에 적극적으로 잠재 능력을 계발해 새로운 자신을 창조해야 한다. 나는 세상에 하나밖에 없다는 사실을 잊지 마라. 과거에도 미래에도 세상에 나라는 존재는 결코 없다. 현재의 내가 있을 뿐이다.

우리는 각자 유일한 존재이기에 다른 사람의 평에 휘둘려 자신을 바꾸려 하거나, 동경하는 대상을 따라 하는 일은 무의미하다. 설령 이 순간 바늘 끝에 선 듯한 위기에 처하더라도 신중하게 자신에게 속한 것, 자기 것을 선택해라. 보다 자신의 위치를 넓힐 수 있다.

경솔히 굴지 마라

왜 성공은 어떤 사람에게는 안착하고 어떤 사람에게는 그냥 스쳐 지나갈까. 전자는 매사 자신의 원칙을 견지하고 정황을 세밀하게 분석한 뒤 정확한 선택을 하는 것이고, 후자는 그 반대로 행동하기 때문이다.

　미국에서 금광을 찾아 서부로 떠나는 열풍이 몰아치던 시기에 베이커라는 사람도 백만장자의 꿈을 이루기 위해 그 길에 동참했다. 베이커는 서부에 도착하자마자 약간의 땅을 얻어 삽과 괭이를 들고 금광을 찾기 시작했다.

　몇 주간 쉬지 않고 파헤친 결과 마침내 금맥이 보이기 시작했다. 그런데 그는 본격적으로 금맥을 캘 수 있는 기계가 없었다. 결국 그는 일단 조용히 덮은 뒤 고향으로 내려가 친한 친구들에게 상황을 알렸다. 얼마 후 그는 친구들의 도움과 투자로 돈을 모아 기계를 구비하고 다시 금광을 파기 시작했다.

　전문가에게 문의한 결과 그가 찾은 금맥은 콜로라도 주에서 가장 금 매장량이 풍부한 것으로 밝혀졌다. 기계를 더 구입해 열심히 금을 캐면 빚을 갚고 백만장자가 되는 것은 시간 문제였다. 기계를 가동시킬 때마다 베이커의 꿈도 점차 이루어지는 듯했다. 그런데 어느 날 갑자기 금이 사라져버렸다.

　아무리 파도 한번 사라진 금은 다시 발견되지 않았다. 절망에 빠진 베이커는 금이 사라진 원인을 제대로 분석할 생각을 하지 않고 섣불리 포기해버렸다. 그는 기계를 전부 헐값에 처분하고 고향으로 돌아갔다.

베이커가 떠난 자리에 중고 기계를 넘겨받은 사람이 자리를 잡았다. 그는 콜로라도 최고의 매장량이라고 밝혀진 금맥이 갑자기 사라진 원인이 무엇인지 전문가에게 분석을 의뢰했다. 지질 측량 결과, 단층선이 나타나 금맥이 사라진 것처럼 보인 것일 뿐 땅을 깊숙이 파면 다시 금맥을 찾을 수 있을 거라는 희소식을 듣게 되었다. 그리고 그는 베이커가 포기한 바로 아래쪽 3인치 지점에서 금맥을 발견해 백만장자가 되었다.

진지하게 일의 정황을 살피지 않고 경솔한 선택을 하면, 바라던 성공의 길과 정반대의 방향으로 가게 된다.

인생의 무대를 찾아라

이상을 이루고 싶으면 꿈을 펼칠 무대를 찾아라. 자신의 이상이 무엇인지, 구체적으로 무엇을 원하는지 진지하게 고민해야 한다. 마음속으로 이리저리 따져 깊이 생각하지 않고 뜬구름 잡듯 막연히 무엇을 좇는다면 결국 아무것도 실현하지 못한다. 헛되게 시간을 낭비하고, 어렵게 얻은 기회를 놓치고, 화를 자초하는 선택을 하는 이유는 진지하게 이상을 고민하지 않은 탓이다.

노래를 좋아하는 소년이 있었다. 그는 기계공의 아들로 태어나 아버지에게 떠밀려 10세 때부터 공장일을 시작했다. 그렇지만, 어머니는 아들이 노래에 재능이 있다는 것을 알고 음악 공부를 시켰다. 소년의 노래를 들은 음악 선생은 그가 재능이 없다고 말했다. 성악가가 되기에는 성량이 부족하고, 목소리가 좋지 않다는 것이었다.

그럼에도 어머니는 아들의 재능을 믿어주고 격려를 아끼지 않았다. 넉넉지 않은 형편인지라 어머니는 아들의 음악 공부를 위해 매일 열심히 돈을 벌어야 했다.

음악 선생에게 인정받지는 못했지만 그는 여전히 노래를 사랑했고, 어머니의 격려가 있었기에 힘을 내서 뼈를 깎는 노력을 기울여 연습했다. 그리고 그는 결국 세계적인 성악가가 되었다. 그 소년은 바로 엔리코 카루소Enrico Caruso다.

자신의 재능이 무엇인지 알고 그 능력을 발휘할 수 있는 정확한 위치에 서야 한다. 어떤 인생을 살아갈 것인지 그에 따라 어떤 선택을 해야 하는지 진지하게 고민하지 않고 당장 눈앞에 보이는 것에 안달하면 그 인생은 아무것도 아닌 미미한 것이 될지 모른다. 반대로 미래를 멀리 내다보고 알맞은 선택을 하면 무한한 잠재력이 발휘되어 분명 성공할 것이다.

영국의 명장이며 정치가인 웰링턴Wellington은 어린 시절, 부모조차 아이가 저능아가 아닌지 의심할 정도로 머리가 나쁘고 행동이 굼떴다. 학창 시절에는 전교 꼴등을 도맡았고, 뭐 하나 잘하는 게 없어 멍청하다 못났다 소리를 매일같이 들었다. 남이 보기에 그의 유일한 장점은 노력과 의지가 강하다는 점이었다. 그는 자신의 이러한 장점을 살려 장군이 되었고, 지금까지 명장으로 널리 알려져 있다.

무엇을 하며 살아갈지 인생의 길을 선택할 때는 어떻게 많은 돈을 벌 것인지, 어떻게 세상에 이름을 알릴 것인지를 우선해서는 안 된다. 먼저, 자신의 재능이 가장 잘 발휘될 수 있는 일이 무엇인지 생각해야 한다. 자기를 잘 알고, 그를 토대로 방향을 정하면 바라던 인생의 무대를 찾을 수 있다.

역사에 이름을 남긴 위대한 인물 중에는 가난하고 비천한 가문에서 태어난 이들도 있다. 그렇지만 그들은 운명에 맞서 자신의 재능을 키워나갔고 결국 역사에 기록되었다. 출신이 어떻든 그건 중요하지 않다. 정확히 목표를 정하고 도중에 흔들리지 않고 계속 전진한다면 그 앞길을 막을 수 있는 건 무엇도 없다.

진지하게 사고하고 정확히 선택해라. 인생은 예선이 없다. 단 한 번, 결선뿐이다.

시도

정녕 할 수 없는 일은
억지로 하려고 들지 마라

_1955년 12월 27일 《중국 농촌의 사회주의 고조》의 서문에서

"붓을 움직이지 않는 건 독서가 아니다."

마오쩌둥의 스승인 쉬터리徐特立의 말이다. 마오쩌둥은 이를 올바른 견해라 여기고 성실히 따랐다.

'붓을 움직인다'는 것은 단순히 눈으로 책을 읽는 데 그치지 않고, 집지하게 사고하고 자기 것으로 소화한 다음 그 생각을 글로 적는 것을 의미한다. 동의하는 부분과 그렇지 않은 부분, 흥미 있는 부분과 재미없는 부분 등 다양하게 자신의 생각을 적는 것이다.

마오쩌둥은 쓰임에 따라 공책을 준비해 꾸준히 글을 썼다. 수업 때 필기하는 공책, 생각을 적는 공책, 필사하는 공책, 일기를 쓰는 공책 등 다양하게 사용했다.

마오쩌둥이 머물며 공부한 후난성에 있는 학교는 사상을 방법론으로 표현하는 실사구시적 학풍이 있었다. '실사구시實事求是'는 반고班固가 서술한 《한

서》의 〈하간헌왕전〉에 나오는 구절로, 학문을 함에 있어 사실에 근거해야 가장 정확한 결론이 나온다는 뜻이다.

웨루서원岳麓書院에 가면 강당 처마 밑에 '실사구시'가 적힌 현판이 걸려 있다. 마오쩌둥은 학생 때 방학을 이용해 두 차례 웨루서원에 기거하며 공부했는데, 이때 현판을 유심히 살핀 듯하다. 그는 20여 년이 흘러 '실사구시'에 새로운 해석을 내리고, 이 네 글자를 직접 써서 옌안 중국 공산당 학교 정문에 걸어두었다.

어리석은 생각으로 얻은 결론은 화를 자초한다

몇 번 성공한 것에 정신이 팔려 한껏 자만에 빠져 제멋대로 행동하는 사람이 있다. 제 능력에 버거운 일을 기어코 할 수 있다고 자신만만하게 큰소리치고 일을 벌이다가는 공연한 시간 낭비에 심지어 재기 불능의 절망에 빠질 수 있다.

로마 시대에 한 남자가 있었다. 그는 두뇌가 명석해 며칠 만에 여러 가지 발명품을 만들어내고, 어떤 괴상한 질문에도 막힘없이 대답했다. 그는 박학다식한 학자의 표본으로 여겨지며 칭찬과 존경을 받았다.

그러던 어느 날, 그는 10미터 높이의 절벽에서 다이빙을 하게 되었다. 어려움 없이 무사히 성공하자 사람들의 환호가 이어졌다. 그는 학문적으로 인정받을 때와는 또 다른 흥분과 기쁨에 사로잡혀 다음번에는 20미터 높이에 도전하겠다고 큰소리쳤다. 여러 사람이 만류했지만 그는 뜻을 굽히지 않았다.

"내가 평범한 사람이 아니라는 걸 증명할 수 있다면 무엇도 두렵지 않아!"

그리고 그는 망설임 없이 20미터 높이의 절벽에서 뛰어내렸다. 현장에 있던 많은 사람이 그의 용기에 감탄을 금치 못했다. 여태 그 같은 시도를 한 사람이 없었기에 명장면을 실제로 볼 수 있다는 것을 행운이라 여기며 감동했다.

그날 이후 그는 여기저기에 초청을 받았다. 수많은 사람이 그를 보기 원했고, 그는 어디든 달려가 절벽에서 다이빙하기 기술을 선보였다. 전국에 높다는 절벽은 전부 찾아다니며 기술을 뽐냈다.

그렇게 몇 년이 지나자 사람들은 더는 그를 찾지 않았다. 자주 접하다 보니 흥미가 떨어진 것이다.

'어떻게 해야 사람들이 전처럼 내게 열광할까?'

그는 고심 끝에, 끊임없이 새로운 기술을 선보이는 것밖에는 방법이 없다고 결론지었다. 그리고 곧 아이디어를 냈다. 인조 날개를 달고 유럽에서 가장 높은 탑에 올라 뛰어내리는 것이었다.

그는 이틀 만에 후다닥 아름다운 인조 날개를 만들어냈다. 그는 주변의 걱정에 아랑곳하지 않고 오로지 사람들의 환호성을 다시 찾을 수 있길 꿈꾸었다.

드디어 당일이 되었다. 수많은 사람이 모이고, 로마 황제가 직접 보러 나왔다. 친구가 걱정하며 그에게 말했다.

"지금이라도 늦지 않았네. 불가능한 일이야. 그만하게나."

"이 위대한 행동을 멈추라고? 내가 성공할 기회를 빼앗으려는 거지? 너는 내 친구도 아니야!"

뒤늦게 소식을 전해들은 아내가 그를 말리기 위해 서둘러 달려왔지만 이미 탑에 오른 뒤였다. 그는 탑 꼭대기에 서서 아래를 내려다보았다. 약 100미터 정도 높이였다. 사람들이 그를 바라보며 환호하고 있었다. 어마어마한 함성이 마치 파도처럼 밀려와 그를 뒤덮었다. 정말 자신이 영웅이라도 된 듯한 착각에 빠져 하늘에 떠 있는 구름도 손에 쥘 수 있을 것 같았다. 그는 가슴을 활짝 펴고 손을 넓게 펼친 다음 공중에 몸을 던졌다.

그는 날아오르지 못하고 땅에 처박혀 비참한 최후를 맞았다.

"상대를 알고 나를 알면 백 번 싸워도 위태롭지 않다."

《손자孫子》에 나오는 말이다. 어리석은 생각으로 일을 저지르면 얻는 건 불행뿐이다. 인생은 선택의 과정이다. 올바른 판단을 하고 신중히 고심해 최종 결정을 내려야 기회를 얻을 수 있다.

제대로 눈을 떠라

에이미는 모 화학 회사의 홍보부 직원으로, 자사 제품을 살펴보던 중 판매가 부진한 샴푸의 가치를 재발견했다. 화학 첨가물 없이 100퍼센트 천연재료로 만들어진 것인데 가격이 무척 저렴했다. 겉으로 보기에 포장이 화려하고 눈에 띄는 것은 아니지만 품질을 우선하는 고객에게 어필할 만한 점이 있었다.

그녀는 그 샴푸를 홍보하는 데 전력을 다하리라 결심하고, 회사 고위 관계자를 찾아가 샴푸의 가치를 알렸다. 적극적으로 의견을 피력해 마침내 뜻이 받아들여지자 그녀는 열심히 샴푸를 홍보했다. 이후 그 샴푸는 회사에서 가장 잘 팔리는 상품이 되었다. 이 일로 에이미는 회사의 자회사 대표가 되었다. 그녀는 새로운 모발 영양제를 개발했고 이것 역시 크게 히트했다. 그 후 그녀는 한 홍보 회사의 부사장이 되었고, 각종 잡지와 매체에서 선정한 성공한 여성 기업가 100인에 선정되는 영예를 누렸다.

올바른 선택을 하려면 예리한 안목이 필요하다. 제대로 눈을 뜨고 있어야 맹목적인 선택을 피하고, 성공을 향해 달릴 수 있다. 일을 처리하기 전에는 문제의 핵심을 제대로 파악하고 주변

정황을 살펴 최선의 선택을 해야 한다. 주관적 판단으로 일을 진행하면 예상치 못한 터무니없는 결과와 맞닥뜨리게 될 것이다.

2장

분투

좌절
장애
의지
담력
가능
노력
실행
전력

08

좌절
실수와 좌절을 겪고 지혜를 얻는다
_1949년 6월 30일 '인민 민주 전제정치'에서

1927년 중국 공산당 87차 회의에서 가을 수확 기간에 무장 기의를 하기로 결의했다. 마오쩌둥은 후난성 동북부와 장시성江西省 북부의 농민, 노동자와 북벌군 일부를 연합한 공농혁명군을 이끌게 되었다.

9월 9일 후난성 4곳에서 동시에 무장 기의를 일으켰다. 그러나 국민군의 포위 공격으로 징강산井剛山으로 피해 들어갔다.

10월 마오쩌둥이 인솔한 부대는 징강산 지역에 중국 최초의 농촌 혁명 근거지를 설립함으로써 이후 혁명에 기초를 세우게 되었다.

좌절을 반갑게 맞아라

인생의 모든 길이 장애물 하나 없이 평탄하고 순조로울 수 없다. 좋든 싫든, 원하든 원하지 않든 좌절은 무차별적으로 다가온다. 좌절에 어떻게 대처하느냐에 따라 인생의 방향이 결정된다. 좌절이 찾아왔을 때 어떻게 해야 하는가.

중국 역사서 《사기史記》의 저자 사마천司馬遷은 궁형*을 당한 분노와 좌절감을 역사서를 쓰는 것으로 승화시켰다. 《사기》는 명저로 칭송받고 있다.

음악가 루트비히 반 베토벤Ludwig van Beethoven 역시 일생 수많은 좌절을 경험했다. 17세 때 어머니를 잃고, 32세에 청력을 상실하고 이어서 실연의 고통을 겪었다. 그러나 그는 거기서 침몰하거나 위축되지 않았다. 당시 그가 친구에게 보낸 편지에 이런 말이 있다.

"나는 운명의 목덜미를 틀어잡을 것이네. 운명이 나를 굴복시키려는 망상을 품는지 몰라도 그것은 절대 불가능할걸세."

그는 시종 강한 모습을 유지하고 음악에 대한 열정을 멈추지 않아 역사에 길이 남을 음악가가 되었다.

---

* 남자의 성기를 거세하는 형벌 – 역주

좌절 자체가 인재를 만드는 건 아니다. 좌절을 겪은 이가 모두 인재로 거듭나는 것도 아니다. 프랑스의 작가 오노레 드 발자크 Honoré de Balzac는 이렇게 말했다.

"좌절은 마치 돌과 같다. 약자에게는 길을 가로막는 걸림돌이고, 강자에게는 높이 날 수 있는 디딤돌이다."

삶에 확고한 목표가 있는 사람에게 좌절은 자신을 단련할 수 있는 도구가 된다. 좌절에서 희망을 발견하는 사람만이 삶의 강자가 될 수 있다.

좌절은 제멋대로인 친구와 같다. 언제든 외면하고 배신할 테지만 어쨌든 친구다. 좌절을 있는 그대로 받아들이든 버릇을 고치겠다고 마음을 단단히 먹든 간에 함께 하다 보면 좌절이 아주 충실한 친구임을 알게 될 것이다.

또, 좌절은 좋은 약과 같다. 어려움이 닥치면 힘들고 괴롭지만 좌절이 있기에 삶에 대한 투지가 일어난다. 고개를 들고 삶을 향해 도전한다면 좌절이 별것 아님을 알게 될 것이다.

꿈이 좌절되면 어떤 이는 두려움에 빠져 아무것도 하지 못한다. 소극적으로 사고하고, 모험을 꺼린다. 반면 어떤 이는 실패를 겁내지 않고 앞으로 나아간다. 적극적으로 사고하고, 좌절에 정면으로 부딪쳐 극복해낸다.

우리는 살면서 수없이 많은 좌절과 실패를 경험한다. 그때마다 상황을 피하면 어려움은 무게를 계속 더한다. 부딪치지 않으면 결코 사라지지 않고 평생 짊어지고 살아야 한다.

일을 실패할 수밖에 없었던 수많은 이유를 대며 변명하는 사람이 있다. 마치 실력이 부족한 요리사가 불 탓을 하는 것처럼 자신의 부족한 점은 알지 못하고 주어진 조건만 탓한다. 명필은 좋은 붓과 나쁜 붓을 가리지 않는 법이다.

좌절을 직시하고 필승을 다짐해라.

'이쯤은 아무것도 아니다. 더 큰 어려움이 온다 해도 기꺼이 상대할 수 있다.'

자신에게 용기를 북돋워라. 성공한 이들 중에 사는 동안 좌절을 겪지 않은 사람이 어디 있겠는가. 겨울의 찬바람과 눈을 이겨내지 않고서 매화의 향기가 그리 진하고 아름다울까. 신념을 가지고 좌절과 맞설 때 아름다운 열매를 맺을 수 있다.

인생길은 결코 평탄하지 않다. 목적을 향해 나아가는 과정에 갖가지 어려움이 도사리고 있고 심지어 악운을 만나기도 한다. 대다수가 좌절에 무너지고 삶에 의욕을 상실하기도 한다. 좌절이 인생에 새로운 출발점이 될 수 있다는 사실은 망각한다.

힘든 시기가 지나면 올바른 길을 선택할 수 있는 냉정함과 신중함을 갖게 된다. 한 철학가는 이렇게 말했다.

"흑토에서 아름다운 꽃이 피고, 험준한 절벽에 귀하고 아름다운 난이 피어난다."

모든 불행이 재난은 아니다. 어릴 때 겪는 역경은 오히려 행운이 되기도 한다. 어려움을 겪으며 마음이 단련되기에 이는 치열한 경쟁을 위해 꼭 필요한 준비 과정이다.

자신감이 없는 사람이 있다. 자신이 남보다 초라하고 뒤떨어진다고 생각해 미리 포기하고 심지어 다른 사람에게 멸시를 받아도 묵묵히 참고 견딘다. 겉으로 보이는 자신의 모습이 화려하게 빛나지 않더라도 비하할 필요 없다. 종종 조물주는 고귀한 영혼을 비천한 육체에 선사한다. 마치 가장 소중한 물건을 남의 눈에 띄지 않도록 집 안 가장 별 볼일 없는 곳에 감춰두는 것과 같다.

좌절을 모르고 살아가는 건 진짜 인생이라고 할 수 없다. 인류의 성장과 발전은 수많은 좌절에서 이루어졌다. 위대한 음악가 베토벤은 이렇게 말했다.

"나는 좌절에 감사한다. 좌절로 나는 꿈을 이루었다."

좌절을 이겨내라

 1833년, 스웨덴 스톡홀름에서 작고 쇠약한 남자아이가 태어났다. 아이는 가난한 집안 환경 탓에 거의 학교를 다니지 못했다. 하지만 실패를 두려워하지 않는 노력과 투지로 세상을 놀라게 했다. 그는 바로 알프레드 노벨Alfred Nobel이다.

 아버지는 어린 노벨에게 자주 과학자의 이야기를 들려주었다. 그의 아버지는 발명에 관심이 많아 집에 실험실을 두었는데, 어느 날은 폭발음이 들려왔다. 놀란 노벨과 어머니가 소리가 나는 쪽으로 달려가자 아버지가 온몸에 재를 뒤집어쓰고 까맣게 그은 얼굴로 화약 냄새를 풍기며 실험실 문을 뛰쳐나오고 있었다. 비록 가난했지만 이 같은 환경으로 노벨은 자연스럽게 실험과 과학에 관심을 갖게 되었다.

 1842년 10월, 노벨의 아버지가 러시아의 상트페테르부르크에 물 폭탄과 폭약을 제조하는 공장을 세워 온 가족이 그곳으로 이사했다. 노벨은 학교에 다니며, 주말이나 방학 때면 아버지의 공장에서 화약을 구경하고 놀았다.

 어느 날, 노벨은 공장에서 몰래 화약을 훔쳐 빈 깡통에 넣고 전선을 이은 뒤 불을 붙였다. 폭발이 일어나자 온 가족이 튀어나와 마당에 널브러진 깡통 파편과 화약 연기를 보았다. 이 일로 노벨은 어머니에게 꾸중을 들었고, 아버지는 더 이상 화약을 가지고 놀지 못하게 했다. 공장 직원들도 화약을 주지 않았다.

화약을 만질 수 없게 되자 노벨은 화약 제조에 관심을 갖게 되었다. 아버지의 서재에 있는 화약 관련 책을 보고 공부해 초석, 목탄, 유황을 혼합해 화약을 제조하는 것을 알게 되었다. 노벨은 집 창고에서 숯을 찾고, 성냥에서 유황을 채취하고, 아버지의 공장에 몰래 들어가 초석을 훔쳤다. 그리고 화약을 제조하기 시작했다. 실험을 반복해 노벨은 화약의 최적 혼합 비율을 찾아냈다. 어린 소년으로서는 대단한 발견이었다.

그 후 노벨은 새로운 과학 지식을 배우러 미국으로 떠났다가 1854년 아버지 곁으로 돌아와 화약 연구에 몰두했다. 실험 과정에서 몇 차례 크고 작은 폭발이 있었고 그로 인해 동생이 세상을 떠났지만 그는 슬픔 속에서도 결코 포기하지 않고 실험에 몰입했다. 그 결과 그는 300여 개의 특허를 획득하고, 다양한 화약을 제조해 '폭약 대왕'이라는 별칭을 얻었다.

노벨은 자신의 성공 비결을 이렇게 말했다.

"성공의 유일한 길은 실패를 두려워하지 않는 것이다."

무언가 이루고 싶다면 먼저 위대한 꿈을 정하고, 실패해도 계속 성공의 길을 찾아가야 한다.

"큰일을 이루려면 굳은 마음으로 고통을 이겨내고, 배고픔을 참고, 뼈가 으스러지도록 일해야 한다."는 옛말이 있다. 좌절을 겪고 그것을 이겨내지 못하면 큰일을 하기 어렵다.

좌절이 인생을 만든다

물리학자 스티븐 호킹Stephen Hawking은 자신의 성공에 대해 이렇게 말했다.

"좌절이 내 인생을 만들었다."

어린 시절, 호킹은 왜소하고 허약했지만 개성이 강한 소년이었다. 누군가 자신을 모욕하면 조금도 망설이지 않고 곧바로 반격했다. 그는 마음대로 옷을 입었고, 여러 가지 색깔의 잉크를 얼룩덜룩 묻히고 다녔다. 또, 토론을 즐겼는데 성격이 급하고 말이 빨라 다른 사람들은 그가 하는 말을 제대로 알아듣지 못했다. 학교 성적은 그리 뛰어나지 않았지만 똑똑한 편이었다.

12세 때는 먹고 자는 것도 잊고 종일 복잡한 게임을 만들었다. 그가 30분 만에 이해하는 게임을 다른 친구들은 몇 시간 심지어 일주일이 지나야 이해했다.

17세에 호킹은 옥스퍼드대학교 물리학과에 진학했다. 그는 여전히 그다지 열심히 공부하는 학생이 아니었다. 당시 유럽은 세계대전이 막 끝난 뒤라 전쟁 후유증을 앓고 있었다. 젊은이들은 미래에 대해 회의적이었고 호킹 역시 그들과 마찬가지였다.

대학 4학년 때 호킹은 자신의 행동이 점점 이상해지는 걸 느꼈다. 걸음이 굼뜨고, 종종 아무 이유 없이 계단에서 넘어지거나 길을 가다 쓰러졌다. 검진 결과, 루게릭병이라는 진단과 함께 시한부 선고를 받았다.

21세의 호킹은 슬픔이나 절망을 느끼기보다 외려 삶의 소중함을 깨달았다. 그는 질병과 싸우면서 세상에 대해 깊이 사색했다. 그에게 질병보다 무서운 건 그로 인한 실망과 공허감이었다. 동시에 그는 지식이 자신에게 기쁨을 가져다준다는 것을 알고 지식을 탐구하며 그 안에서 인생의 의의를 찾았다.

1965년 호킹은 우수한 성적으로 케임브리지대학교에서 박사학위를 받고, 이 시기에 지니를 만나 결혼했다.

그 후, 강한 의지로 학술 연구를 하던 그는 1975년 첫 번째 저작을 완성했다. 다음 해에는 '블랙홀 이론'을 발표하고 영국왕실학회의 회원이 되었고, 케임브리지대학교 물리학과 교수로 임명되었다.

1978년 우주학회에 참가해 무경계 구상을 발표했고, 같은 해 영국 여왕에게 대영제국 기사 작위를 수여받았다. 1988년 그의 저서 《시간의 역사》가 발표되자마자 장장 100주간 베스트셀러에 올랐다. 이 책으로 울프 물리학상을 받고, 1989년 대영제국 명예 훈작을 받았다.

호킹은 누구보다 의지가 강했기에 자기 분야에서 최고의 자리에 오르고, 알베르트 아인슈타인Albert Einstein 이후 가장 위대한 이론 물리학자로 인정받았다.

그의 성공은 명확한 판단과 불굴의 노력, 완강한 의지에서 나온 것이다. 성공하고 싶다면 좌절을 담담하게 받아들여라. 잘못과 좌절은 경험이 되고 교훈이 되어 당신을 성공의 길로 이끈다.

장애

빛나는 날로 나아가는 길은
굽이굽이 사연도 많다

_1945년 4월 17일 '충칭 평화담판에 관해'에서

25세의 마오쩌둥은 모든 정력을 〈상강평론湘江評論〉 편집 작업에 쏟아부었다. 약속된 원고가 자주 펑크 나는 바람에 그 일을 대신 처리하느라 정신이 없었다. 여름이라 푹푹 찌는 무더운 날씨에 모기가 사방에서 들러붙는 데도 개의치 않고 마오쩌둥은 밤늦게까지 일에 매진했다.

어느 날, 아침이 돼도 기척이 없자 학생이 마오쩌둥을 깨우기 위해 그의 방을 찾았다. 모기장을 들춘 학생은 깜짝 놀랐다. 마오쩌둥의 피를 빨아먹고 배가 불러 날지 못하는 모기 수십 마리가 바닥에 나뒹굴고 있었기 때문이다.

마오쩌둥은 한 달간 〈상강평론〉에 넣을 40여 편의 원고를 썼다. 편집과 교정 때로는 거리에 나가 판매하는 것까지 전부 그의 몫이었다.

당시 마오쩌둥의 생활은 몹시 어려웠다. 학교에서 아이들을 가르치고 받는 돈으로 간신히 끼니를 해결하는 수준이었다. 집 안에 물건이라고는 모기장과 이

불, 대나무 방석이 전부였는데 다 낡은 것이었고 옷은 닳아 해진 긴팔 셔츠와 광목 바지뿐이었다. 비록 가난했지만, 당시 마오쩌둥의 사고는 어느 때보다 활발하고 열정적이었다.

성공의 길은 장애와 굽이가 있기 마련이다

프랜시스 베이컨Francis Bacon은 1561년 영국 런던의 귀족 가문에서 태어났다. 아버지는 엘리자베스 1세Elizabeth I 정부의 대법관이었고, 어머니 역시 교양과 지식이 풍부하고 사상이 개방되어 있었다. 훌륭한 교육을 받고 자란 베이컨에 관한 재미있는 일화가 하나 있다. 어느 날 엘리자베스 1세가 그에게 농담을 했다.

"꼬마 대법관은 올해 몇 살인가?"

"폐하의 행복한 시대보다 2년 늦게 태어났습니다."

베이컨의 재치 있는 대답에 여왕은 크게 기뻐했고, 그때부터 어린 베이컨의 총명함은 영국 상류사회의 관심을 끌었다.

1579년 영국 대사 수행원으로 프랑스에 있던 18세의 베이컨은 갑작스레 들려온 아버지의 부고 소식에 엄청난 정신적 타격을 입었다. 아버지가 그렇게 돌아가시고 나자 그와 영국 왕실 간의 관계는 점차 멀어져갔다. 그는 생활을 꾸리기 위해 일자리를 찾아나서야 했다.

그 후 베이컨은 변호사 자격증을 취득하고, 23세의 나이에 영국 하의원 의원으로 당선되었다. 그는 뛰어난 언변과 연설로 대단히 유명했다. 법정의 변론이나 국회에서의 발언은 모든 사람의 주목을 받았고, 그가 한 말은 바로 사회에 퍼져 유행어가 되었다.

관리가 되고 싶었던 베이컨은 그 길을 여는 데 모든 정력을 쏟았다. 고위직에 있는 친척과 친구들의 도움이 있었지만, 어렸을 때부터 부유하게 자란 베이컨은 절약이라는 것을 몰랐다. 게다가 당시 각종 세금이 엄청나 그는 언제나 빚에 허덕였다.

또 그가 국회에서 여왕의 새로운 세금 징수 계획에 강력히 반대하는 바람에 여왕은 그에게 높은 봉급을 주기를 거부하고, 다만 그의 가문의 체면을 위해 베이컨을 법률 고문으로 임명했다.

엘리자베스 1세가 세상을 떠나고 즉위한 제임스 1세(James I)는 베이컨의 재능을 몹시 아껴 그를 부검찰장에 임명했다. 6년 후 그는 검찰장이 되었다.

정치와 권력의 정상에 다다른 순간 재난이 닥쳐왔다. 그의 정치적 적수가 베이컨이 소송 당사자에게 뇌물을 받은 것을 고의적으로 밝힌 것이다. 결국 베이컨은 자신의 과오를 인정할 수밖에 없었다. 이 일로 베이컨은 왕이 만족할 때까지 런던탑에 감금되고, 엄청난 금액의 벌금과 죽을 때까지 관직 금지라는 가혹한

처벌을 받았다. 얼마 후 왕에 의해 감금이 풀리고 벌금도 면제받았지만 그의 정치적 생애는 끝난 듯했다.

베이컨은 이 사건 이외에도 갖가지 어려움을 겪었지만 결코 삶을 포기하지 않고 냉정하게 자신을 돌아보고 분석했다.

그 후 베이컨은 학술 저작에 전념했다. 《학문의 진보De Augmentis Scientiarum》는 정치, 학문, 인생 전반을 독특한 관찰을 바탕으로 간결한 필체로 서술해 놓았고 《노붐오르가눔Novum Organum》은 베이컨의 가장 중요한 저서다.

과학자들이 베이컨의 귀납법을 모두 받아들인 것은 아니지만 그의 주체적 사상인 관찰과 경험의 중요성은 과학자들이 사용하는 해법의 핵심 사상이 되었다.

자신을 믿어라

1904년 6월, 헬렌 켈러Helen Adams Keller는 우수한 성적으로 하버드대학교를 졸업했다. 세계 최초로 대학 교육을 끝마친 청각, 시각장애인이었다. 1906년 그녀는 미국 매사추세츠 주 시각 장애인 위원회의 대표가 되어 시각장애인을 위한 사회 활동을 시작했다. 미국 시각장애인 기금회는 바로 헬렌 켈러의 노력과 참여로 건립된 기구다.

헬렌 켈러의 인생에는 숱한 어려움이 있었지만 그녀는 자신의 신념을 믿었기에 꿈을 이루고 존경받는 인물이 되었다.

성공의 비결은 자신을 믿느냐 그렇지 않느냐에 달려 있다. 자기를 믿으면 좌절을 극복할 용기가 솟는다. 나폴레옹 1세는 이런 말을 했다.

"정자와 난자가 만나는 순간부터 성공한 사람이다. 수억 개의 정자가 1개의 난자를 향해 돌진할 때의 경쟁과 투쟁은 인간 세상보다 격렬할 것이고, 투쟁을 이겨낸 단 1개의 정자가 바로 한 사람이 되기 때문이다."

자신의 손으로 밥을 먹고, 발로 길을 걸어야 한다. 다른 사람에게 의지해서는 큰일을 할 수 없다. 노력이 따라야 재능을 펼칠 기회를 얻는다. 자신에게 도전하는 사람이야말로 진정한 창조성을 갖출 수 있고, 창조성을 갖춘 사람은 어려움에 패배하지 않는다.

다른 사람보다 먼저 자신을 믿어야 한다. 인생이라는 기나긴 여정에서 장애물을 넘고, 어려움과 부딪쳐 이겨내도록 도움을 주는 이는 바로 자기 자신이다. 자신을 믿어야 인생의 길을 멀리 갈 수 있고, 인생의 아름다운 풍경을 볼 수 있다.

용감하게 도전해라

20세기의 위대한 스포츠맨, 검은 탄환이라 불리는 제시 오언스Jesse Owens는 1913년 미국 남부 앨라배마 주에서 태어났다. 어린 시절 오언스는 가난한 집안 사정으로 자주 학교를 빠지고 돈을 벌어야 했다. 게다가 굶주림과 영양부족으로 또래보다 작고 병약했다. 그에게 배고픔보다 더한 고통은 흑인이기 때문에 겪는 인종차별이었다.

그는 9세 때 기술학교에 입학해 백인 체육교사를 만나게 되었다. 흑인의 인권에 관심이 많았던 체육교사는 그를 격려했고, 그때부터 제시 오언스는 달리기를 시작하며 세계에서 가장 빠른 사나이가 되겠다는 꿈을 키웠다.

제시 오언스는 중학교 때 전미 중학생 육상 기록을 4차례 갱신하며 기대주로 떠올랐다. 고등학교에 진학한 그는 1920년 벨기에 올림픽에서 남자 100미터 달리기 세계신기록을 수립한 찰리 패덕Charlie Paddock의 강연을 듣고 두 번째 희망을 찾았다.

"지금 나와 같은 희망을 품고 있는 사람이 있다면, 꿈을 향해 나만큼 노력할 사람이 있다면 그 사람은 그렇게 될 것이다."

제시 오언스는 깊은 감동을 받고 찰리 패덕에게 물었다.

"정말 당신처럼 올림픽 금메달을 딸 수 있을까요?"

흑인 소년을 가만히 바라보던 찰리 패덕이 말했다.
"그걸 물을 용기가 있는 걸 보니 너는 분명 그렇게 될 거다."
그는 다시 한번 자신의 꿈을 향해 더욱 노력할 것을 결심했다.
1935년 5월 25일, 이날 제시 오언스는 세계 육상경기 사상 최고의 기적을 연출했다. 무려 3개의 세계신기록을 수립한 것이다. 이때 제시 오언스는 '검은 탄환'이라는 별명을 얻었다.
1936년 베를린 올림픽은 사실 아리아 인종의 우수성을 자랑하려는 히틀러의 정치적 의도가 숨겨진 대회였다. 그런데 흑인인 제시 오언스가 가장 뛰어난 성적을 보이면서 히틀러의 '우수인종론'에 제대로 펀치를 날린 셈이었다.
8월 2일, 올림픽 육상경기가 시작되었다. 오언스는 순조롭게 남자 100미터 달리기 예선과 준결선을 통과했다. 예선에서 그는 10.2초라는 세계신기록을 세웠지만 바람이 세게 불었다는 이유로 공인기록으로 인정되지 않았다. 8월 3일 결승전, 오언스는 경쟁 선수들을 압도적인 차로 따돌리고 금메달을 목에 걸었다. 10.3초로 들어와 세계신기록을 수립했다.
8월 5일, 올림픽 기록을 수립하며 남자 200미터 달리기에서도 금메달을 땄다. 이어서 멀리뛰기와 8월 9일 400미터 계주에서 다시 세계신기록을 수립하며 미국에 금메달을 안겨주었다. 그는 올림픽 육상 사상 최초로 4관왕을 했다. 시상을 하던 날, 히틀러는 메달 수여를 거부하고 대회장을 떠났다.

제시 오언스가 금메달을 4개나 걸고 고향에 돌아왔지만 사람들의 냉대는 여전했다. 그러나 그는 결코 좌절하지 않았다. 외려 흑인에게 희망이 되리라 결심했다.

1년이 지나자 환호성은 사라지고, 오언스는 예전과 마찬가지로 가난했다. 가난 때문에 그는 대학을 떠났고 아마추어 운동선수로서의 생활도 끝이 났다.

2차 대전이 끝나고 1951년 제시 오언스는 다시 육상 무대로 돌아왔다. 38세의 오언스는 미국을 대표해 베를린 세계 육상경기에 참가했다. 이후 그는 올림픽 친선대사로 각종 공익활동에 참여했다. 당시 미국 올림픽 위원회 집행 이사장은 오언스에 대해 이렇게 말했다.

"그의 성적과 올림픽에서 보여준 모든 것을 우리는 영원히 잊지 못할 겁니다."

1950년대 후반부터 오언스는 청소년 체육 교육 분야에서 일했다. 그리고 1976년에는 그의 스포츠 인생이 담긴 책이 출판되었다. 말년에 그는 로스앤젤레스 스포츠 박물관 관장으로 일했다. 1980년 3월 30일 제시 오언스가 66세의 나이에 폐암으로 세상을 뜨자 당시 미국 대통령이던 지미 카터James Carter는 직접 애도 성명을 발표하고, 청소년 운동과 미국인에게 풍부한 유산을 남긴 위대한 스포츠인이라 극찬했다.

1984년 로스앤젤레스에서 열린 23회 올림픽에서 오언스의 손녀가 성화를 들고 입장했다. 이는 영웅에 대한 미국인의 무한한 애정과 그리움을 보여주는 장면이었다.

평범한 일생을 살고 싶지 않다면, 인생의 가치를 제대로 체현하고 싶다면 제시 오언스처럼 용감하게 자신을 향해 도전해 새롭고 아름다운 인생을 개척해야 한다. 성공의 길을 좇을 때 먼저 자신을 이겨낸다면 이후 닥치는 모든 좌절과 실패는 성공으로 가는 계단으로 바뀔 것이다.

포기했을 때가 사실은 성공의 문턱 바로 앞이었을 때가 많다

누구나 수많은 좌절과 실패를 겪는다. 이때 앞으로 나아가지 못하고 비관하면, 꿈을 실현할 기회를 눈앞에서 놓치게 된다. 좌절과 실패를 두려워하지 마라. 겁내야 할 것은 자신을 이기지 못하고 포기하는 상황이다. 세상에서 가장 강한 적수는 코앞에 닥친 어려움과 경쟁 상대가 아니라 바로 자기 자신이다.

미국 보험업계의 귀재이며, 세일즈맨 역사에 길이 남을 클레멘트 스톤W. Clement Stone은 일찍 아버지를 여의고 불우한 어린 시절을 보냈다. 집안 형편이 어려워 그는 어릴 때부터 신문을 팔아 생활비를 벌었다.

식당에 들어가 신문을 팔다가 쫓겨나는 일도 다반사였다. 그러나 스톤은 내쫓는다고 순순히 물러나지 않았다. 계속 기회를 엿보다가 주인이 잠시 자리를 비우면 그 틈에 잽싸게 식당에 들어갔다. 어린 소년의 용기에 보다 못한 손님이 주인을 만류하고 신문을 팔아주는 일도 있었다. 그런 날이면 스톤의 주머니는 신문을 팔아 벌어들인 동전이 두둑했다.

스톤은 중학교에 다닐 때부터 보험 세일즈를 시작했다. 어느 날, 큰 빌딩에 세일즈를 하러 간 그는 정문 앞에서 잠시 망설였다. 어린 시절 식당에서 쫓겨난 것처럼 문전박대를 당할지 모른다는 두려움이 그의 발길을 멈춰 세웠다. 그는 마음을 다잡고 용기를 냈다.

"해 보자! 안 돼면 그만이고, 잘되면 큰 수확이 있을 거야!"

그는 자신감을 가지고 빌딩으로 들어갔다. 만약 쫓겨나면 예전처럼 몇 번이고 다시 시도할 생각이었다. 그런데 다행히 막는 사람이 없어서 스톤은 그날 2건의 보험 가입을 성사시켰다. 겨우 2건이라고 실망할 수 있지만 그는 자신의 능력이 어느 정도인지 알았기에 대단한 수확이라고 스스로를 칭찬했다. 그리고 다음 날 스톤은 4명에게 보험 상품을 판매했고, 그다음 날은 6명, 그다음은 2배, 3배로 계약을 따내며 서서히 능력을 키웠다.

스무 살이 되던 해, 스톤은 보험회사를 차렸다. 개업 첫날 그는 번화가에 나가 54명에게 보험 상품을 팔았다. 그리고 1938년, 클레멘트 스톤은 백만장자의 대열에 들어섰다.

그는 자신의 성공 비결을 이렇게 말한다.

"어떤 어려움이 앞을 가로막든 중요한 것은 먼저 내 자신을 뛰어넘는 것이다."

성공은 실패를 딛고 일어서는 과정을 겪어 완성된다.

에디슨은 6천 번의 실패를 딛고 전등을 발명해 전 세계인에게 빛을 안겨주었다. 그는 자신을 이겨냈기에 용감하게 전진했다. 에디슨은 그때의 경험을 이렇게 회고한다.

"전등은 가장 많은 시간을 들이고, 가장 많은 실패를 경험한 발명이다. 나는 단 한 번도 포기하지 않고, 단 한 번도 실패할 거라 생각하지 않았다. 내게 실패와 성공은 같은 것이다."

성공은 실패의 끝이고, 실패는 성공을 향한 희망의 빛이다. 거듭 실패할수록 성공의 기회가 가까워진다. 성공은 마지막 1분에 찾아오는 손님과 같다. 어려움에 용감히 맞서고, 목적을 이루기 전에는 결코 포기하지 마라. 다음의 에디슨의 말을 깊이 새겨라.

"뭔가를 포기했을 때가 사실은 성공의 문턱 바로 앞이었을 때가 많습니다. 실패란 바로 그런 것입니다. 포기하지 마세요. 용감해지세요. 굳건한 신념을 가지고 전진하세요."

의지

결심을 했으면 희생을 두려워하지 마라

_1945년 6월 11일 '우공이산愚公移山'에서

마오쩌둥은, 현실을 벗어난 환상을 좇기보다 자아를 실현하는 일이 더 가치 있다고 여겼다.

"나는 반드시 현실주의자가 될 것이다. 행동은, 객관적 타당성을 따지고 그것이 옳다면 힘을 다해 노력할 것이다. 생각은, 주관적 판단으로 타당하다면 실현시키기 위해 노력할 것이다."

그는 공허한 이론을 반대하고 도덕성을 강조했다. 명확한 도덕성에 따라 행동해야지 주관이나 원칙 없이 맹목적으로 움직여서는 안 된다고 설파했다.

강한 의지를 지녀라

의지가 강하고 용감하게 도전하는 사람은 난관에 부닥쳐도 당황하지 않고 냉정하게 대응한다. 자신을 믿고 다른 사람도 자신을 믿게끔 한다. 반면 의지가 약하고 자신감이 부족하고 무슨 일이든 결정을 내리지 못하는 사람은 인생에 생기가 없고 성공하리라는 희망도 없다.

성공한 사람은 대부분 적극적이고, 용기 있고, 모험심이 강하고, 어려움이 닥칠 때마다 치열하게 싸워서 승리한다. 넘치는 자신감으로 선봉에 나서서 다른 이들을 이끈다. 21세기는 치열한 경쟁 사회다. 우유부단하고, 용기가 없고, 판단력이 부족한 사람은 어느 곳에서든 배척당한다.

미국의 사상가 랠프 에머슨Ralph Emerson은 이런 말을 했다.

"하늘이 준 능력만으로도 모든 이가 성공의 길로 갈 수 있다."

오늘날 사회에는 사방에 인재가 들끓는다. 탁월한 능력을 갖춘 수많은 사람이 평범한 회사에서 자신의 재능을 발휘하지 못하고 썩고 있다. 그저 하루하루 주어진 일에 시간을 보내며 찬란하고 아름다운 앞날을 추구하지 않는다.

스스로 능력을 계발하지 않고 다른 사람을 따라 하려고 하면 자신에게 아무런 이익이 되지 않을뿐더러 어쩌면 후에 커다란 위험이 따를 수 있다. 만약 자신이 신발 디자인에 재능이 있다면 그 능력을 계발해 세계에서 가장 뛰어난 신발 디자이너가 되도록 노력해야 한다.

큰일을 이룬 사람은 희망과 자신감으로 가득 차 있기 때문에 언제나 좋은 결과를 만들어낸다. '성공'에 두 눈을 고정하고 다른 사람의 속삭임에 대꾸하지 않는다. 한번 결정을 내리면 처음과 끝을 미리 걱정하지 않는다. 모든 계획과 방법을 스스로 결정하고, 모든 어려움과 곤경을 스스로 짊어지며, 모든 장애물을 스스로 제거한다. 타인을 원망하지 않고 한탄하지 않으며 모든 책임과 의무를 용감하게 받아들인다. 이런 사람이 성공하지 못하면 그게 더 이상하다.

우리는 자신의 주인이 되어야 한다. 환경의 속박에서 벗어나 기회를 만들어내는 영웅이 되어야 한다. 용기를 내서 성공을 위협하는 일에 맞서 싸우고 이겨내야 한다.

계획을 세웠으면 그 일에 책임을 지고, 어떤 대가를 치르더라도 완성하겠다는 마음을 굳게 다져라. 이러한 준비를 갖춘 사람에게 세상은 발전과 성공과 희망이 가득한 곳이 된다.

에이브러햄 링컨Abraham Lincoln, 조지 워싱턴George Washington, 그랜트 장군General Grant의 용기를 배울 수 있다면 앞날은 더욱 밝아질 것이다. 이들은 두려움이 없었다. 목숨 걸고 전진할 줄 알지 후퇴나 위축은 찾아볼 수 없었다.

긴급한 상황에서 위축되어 앞으로 나아가지 못하고 의지가 약해지면 실패는 자명하다. 반대로 의지를 강건히 하고, 신념이 흔들리지 않으면 반드시 성공할 것이다.

실패의 원인은 잘못된 선택에 있다

평안하고 단조로운 삶에 만족하며 살아가는 사람들이 있다. 그들은 정말 자신의 삶에 만족하고 있을까. 어쩌면 높은 꿈을 꾸고, 그것을 이룰 만한 능력이 없는 건 아닐까. 혹은 능력은 있는데 의지가 부족한 것일까. 그들에게 만족이란 자기 위로의 표현이 아닐까.

적극적인 자세를 갖추지 않은 상황에서 무작정 일을 벌이는 사람이 있다. 그들은 처음부터 기대치를 낮게 잡지만 그럼에도 목표를 이루지 못한다. 삶의 목적이 좁고 편협하기 때문에 자신을 드러낼 기회를 놓치는 탓이다.

"보다 놀라운 사람이 돼라."는 말은 자신에게 뒤로 물러날 길을 열어주지 말라는 뜻과 같다. 강한 의지는 앞으로 나가도록 독려하고, 앞날에 장애가 되는 수많은 유혹과 어려움을 물리치게

끔 돕는다. 의지를 다지려면 꿈을 실현하기 위해 지속적으로 노력해야 한다.

　오늘날 젊은이들의 문제는 처음 시작할 때 명확한 계획이 없다는 것이다. 사소한 일도 우물쭈물 결정을 못하고, 가치 있는 목표도 없다. 자신에게 맞는 일이든 그렇지 않든 상관 없이 사회에 나가 일을 찾아다닌다.

　유수한 세계의 명사들이 '이상을 품으라'고 그 중요성을 알려주지만 여전히 삶의 목표 없이 살아가는 젊은이들을 흔히 볼 수 있다. 그들은 이리저리 흔들리며 되는 대로 살아간다. 누군가 그들에게 현재 무엇을 하고 있는지, 이상이 무엇인지 묻는다면 아마 모르겠다고 답할 것이다. 그럼에도 성공의 기회가 하늘에서 뚝 떨어지길 기대한다.

　성공의 조건은 뛰어난 재능, 높은 교육 수준, 완벽한 신체만으로는 부족하다. 이 3개를 전부 갖춘 수많은 청년이 실패를 맛보았다. 숭고한 이상과 그것을 이루고 싶은 강한 의지가 없으면 아무리 대단한 능력이 있어도 그것을 보여줄 기회를 잡기 힘들다. 적극적으로 성공을 쟁취하려고 하지 않으면 계속 그렇게 평이하게 살게 될 것이다.

　"사람의 일생 중 가장 중요한 것은 원대한 목표를 세우는 것이다. 그리고 충분한 재능과 강한 의지, 인내심으로 그것을 실현해야 한다."

독일의 철학자 임마누엘 칸트Immanuel Kant의 말이다.

많은 사람은 자신이 경쟁에서 실패한 이유가 제 탓이 아니라고 생각한다. 그렇기 때문에 실패에서 배우지 못하고, 앞으로 나아가지 못한다. 또 이들 대부분은 대개 의지가 부족하고, 뚜렷한 목적의식이 없고, 상황을 판단하는 능력이 부족하며, 용기도 없다. 사실 이런 약점을 가지고 있더라도 계속 앞으로 나아간다면 성공할 수 있는데, 이들은 그조차 알지 못한다.

강한 의지를 갖춘 사람은 그것을 배치하는 능력이 필요하다. 눈앞에 너무나 매혹적인 선물이 있다면 민첩하고 섬세하고 부지런하게 그것을 얻을 방법을 강구해야 한다. 판단력과 예견력도 갖추어야 한다.

성공한 사람 중에 끊임없는 선택의 과정을 겪지 않은 사람이 없다. 성공으로 가는 길에는 생각보다 많은 갈림길과 장애물이 있어 수시로 판단과 선택을 해야 한다. 올바른 선택은 지름길로 인도하지만, 잘못된 선택은 가시밭길로 이끈다.

할 수 없는 큰일과 하지 않아도 될 작은 일 사이에 끼어 갈팡질팡하다간 아무것도 이루지 못한다. 어떤 뜻을 품고 있든지 집중해서 노력해야 한다. 자신에게 변명거리를 주지 말고 온 마음으로 이상의 실현을 위해 싸운다면 분명 그 꿈은 이루어진다.

고난을 통해 성숙한다

인생의 길은 결코 평탄하지 않다. 그리고 그 길이 평탄하지 않기에 사람마다 자신의 인생길을 갖게 되고 세상은 보다 다채로워진다.

물론 그 누구의 인생도 순풍에 돛을 단 듯 순조로울 수 없고, 길마다 아름다운 꽃이 피어 있기를 바랄 수 없다. 인생의 길에는 비바람이 불고 예상치 못한 큰일도 일어난다. 이 세상 누구도 불운을 좋아하지 않지만 때로 그런 불운이 다리를 붙잡고 놓아주지 않을 때도 있다.

불운은 사람에게 엄청난 고통과 손해를 가져다준다. 하지만 불행을 딛고 다시 일어선다면 몸과 마음이 굳세지고 보다 성숙해진다. 그 속에서 많은 것을 단련할 수 있다. '호사다마'라는 말이 있듯 불운은 다른 각도에서 보면 행운이 되기도 한다.

세계적인 화학자 험프리 데이비는 위험한 화학 실험 과정에서 예상치 못한 사고로 얼굴에 화상을 입고 왼쪽 눈을 실명했다. 그러나 그는 굴하지 않고 실험을 성공으로 이끌었다. 후에 그는 이렇게 말했다.

"나를 영혼 없는 기술자로 만들지 않은 신께 감사한다. 나는 실패에서 가장 중요한 것을 발견했다."

데이비는 실패의 나무에서 성공의 열매를 땄다. 그는 끊임없는 실패에서 성공을 얻었다.

대문호 오노레 드 발자크는 말했다.

"세상에 일어나는 일 중에서 영원히 절대적인 것은 없다. 결과는 사람에 따라 다르게 나타난다. 고난은 천재에게 디딤돌이며 재능 있는 사람에게는 부이지만, 약자에게는 수만 미터 깊이의 심해와 같다."

살다 보면 의외의 사건과 예상치 못한 불행과 마주치게 되지만 그것이 모두 나쁜 것은 아니다. 평이하고 안정되고 편안한 삶은 사람을 현상에 만족하게 만들지만, 좌절과 고난은 사람을 단련시켜 보다 단단하게 한다.

예를 들어 다른 사람의 질투와 소문은 상처를 주지만 다른 면에서 보면 인간관계의 복잡함을 알게 한다. 그런 과정을 통해 교훈을 얻고 자신을 발전시키고 다른 사람을 돕게 되고 결국 인간관계를 조정하고 정리하는 방법을 배운다.

벤저민 프랭클린Benjamin Franklin의 논문은 과학계 권위자들에게 무시당하고, 영국왕실학회 역시 논문을 소개하기를 거절했다. 프랭클린의 두 번째 논문은 왕실학회의 비웃음을 샀다. 그의 논점과 왕실학회 원장의 이론이 완전히 상반되어서 여러 학자에게 인신공격을 받기도 했다.

그러나 프랭클린은 좌절하거나 자신의 과학적 신념을 포기하지 않았다. 오히려 더 적극적으로 실험해 자신의 논점을 증명했다. 그는 생명의 위험을 무릅쓰고 연(鳶)을 이용한 실험을 통해 낙뢰가 전류로 이루어졌다는 놀라운 사실을 알아냈다. 그의 논문은 독일어, 라틴어, 이태리어로 출간되어 전 유럽에서 인정을 받았다.

만약 그가 숱한 고난과 불운에 좌절했다면 오늘날 역사 속의 벤저민 프랭클린은 결코 존재하지 않았을 것이다.

일을 성취하는 과정은 좌절을 극복해가는 과정이다. 강자가 강자가 된 까닭은 역경에 굴하거나 약해지지 않고 그것을 이겨냈기 때문이다.

자신을 믿어라

목표를 향해 달리는 과정에는 많은 어려움과 만나고, 예상치 못한 타격을 받게 된다. 그때를 대비해 길을 나서기 전 짐 속에 용기를 넣어가는 것을 잊지 마라.

미국의 작가 잭 런던Jack London의 일생은 고난의 연속이었다. 어려서부터 신문팔이, 운반공, 선원, 통조림 공장 노동자를 거쳐 금을 캐러 갔다가 실패하고 심지어 도둑질에 떠돌이 유랑자로도 지냈지만 그는 대작가가 되었다. 그렇지만 마지막에는 자살로 생을 마감했다. 후에 평론가들은 잭 런던을 이렇게 평했다.

"잭 런던의 가장 위대한 작품은 바로 그가 살아온 삶이다."

그는 사생아로 태어났다. 아버지는 존 런던으로, 점성술사였다. 어머니는 잭 런던이 태어난 지 얼마 되지 않아, 이미 11명의 자식이 있는 존 런던과 결혼했다. 잭 런던의 어린 시절이 어땠을지 상상할 수 있을 것이다. 그는 11세 때부터 돈을 벌기 시작했고, 14세에는 통조림 공장에서 하루 10시간씩 일해 간신히 1달러를 벌었다.

얼른 돈을 벌고 싶었던 소년은 돈을 빌려 작은 배를 사서 어설픈 해적 노릇을 하다 붙잡혀 노역을 살기도 했다. 그는 노역에서 풀려난 후 선원 생활을 하며 식견과 시야를 넓혔다. 각지를 돌며 보았던 세상의 가난함과 착취와 폭력은 미성숙한 어린 소년의 마음에 깊이 각인되었다.

그는 문학에 대한 열정이 대단했다. 시간이 날 때마다 책을 읽으며 꿈을 키워나갔다. 19세 때 그는 자신을 변화시키기로 결정하고 떠돌이 생활을 청산했다. 그리고 펜을 들고 작가가 되기로 결심했다.

잭 런던은 더 많은 지식을 얻기 위해 뒤늦게 중학교에 입학했다. 밤낮없이 공부하느라 제대로 잠을 자지 못했지만 그는 장족의 발전을 이루었다. 3개월 동안 4년 과정의 학업을 모두 마치고 시험을 통과한 후 캘리포니아대학교에 입학했다.

그러나 대학의 문턱은 가난한 잭 런던에게는 너무나 높고 좁았다. 1897년, 어쩔 수 없이 대학을 그만둔 그는 매형과 함께 알래스카 주에 금을 캐러 갔다. 그러나 황금의 꿈은 순식간에 깨지고 병든 몸을 이끌고 집에 돌아와야 했다.

비록 황금의 꿈은 깨졌지만 작가의 꿈은 다시 불타올랐다. 잭 런던은 밤낮으로 책을 읽고 글을 쓰며 꿈을 키웠다. 어떤 때는 한 번에 30여 편의 소설을 출판사에 보내기도 했지만 아무런 소득이 없었다.

친구들이 그만하라고 충고했지만 그는 굴하지 않았다.

"나는 반드시 성공할 거야. 나는 나를 믿고, 내겐 그만한 용기가 있어."

이렇게 자기 자신을 격려하고 노력하면서 쓴 작품 《황야의 부르짖음The Call of Wild》이 한 잡지사에서 주최한 문학상에서 1등을 차지하며 그는 점차 명성을 얻기 시작했다.

그 후 그는 미국 문학 사상 가장 유명한 작가 중 한 명이 되었다. 잭 런던의 일생은 고난의 연속이었지만 그는 자신에 대한 믿음을 가지고 운명에 맞서 싸웠기에 승리를 거두었다.

내 운명은 내 손안에 있다

무엇을 원하든 강한 신념만 있다면 반드시 얻을 수 있다. 운명은 다른 사람 손에 있는 것이 아니라 내 손안에 있기 때문이다.

"내가 성공할 수 있었던 것은 언제나 운명이 내 손안에 있고 스스로 운명을 바꿀 수 있다고 믿었기 때문이다."

세계적인 스타 실베스터 스탤론Sylvester Stallone의 말이다.

스탤론은 공포와 두려움이 가득한 어린 시절을 보냈다. 아버지는 도박판에서 돈을 잃은 날이면 그 분노를 아내와 아이를 때리는 것으로 풀곤 했다. 알코올중독인 어머니 역시 술에 취하면 자식에게 분을 풀었다. 그렇게 그는 폭력과 욕설이 난무하는 가정에서 자랐다.

고등학교를 졸업하고 스탤론은 거리를 떠돌아다니며 방황했다. 늘 무언가 만족스럽지 않은 기분이었다.

"결국 부모와 똑같잖아!"

스탤론은 절대 부모와 같은 삶은 살지 않겠다고 다짐했다. 그렇지만, 별다른 재능도 기술도 없던 그가 다른 길을 찾기란 쉽지 않았다. 한참 고민한 그는 마침내 배우가 되기로 결심했다. 배우는 특별한 학력도, 돈도 필요 없으니 그에게는 더할 나위 없는 직업이었다.

이 선택은 사실 고난의 길이기도 했다. 할리우드로 간 스탤론은 배우, 감독, 제작자는 물론 모든 가능성을 찾아 부탁하고 애원했다.

"한 번만 기회를 주십시오! 멋지게 해낼 자신이 있습니다!"

그는 매번 거절당했지만 실망하지 않았다. 실패하는 데는 분명 이유가 있을 거라 생각하고 자신을 돌아보고 반성했다. 그리고 다시 일어나 기회를 찾아나섰다. 그렇게 아무런 소득 없이 2년의 시간을 보냈다. 온갖 허드렛일로 생활비를 벌어 간신히 버티면서도 그는 포기하지 않았다.

"조급해할 것 없어. 이번에는 안 됐지만 다음에는 될 거야."

그렇지만, 스탤론은 미래에 대해 점차 고민하기 시작했다.

'정말 희망이 없는 걸까? 결국 나는 도박이나 술주정뱅이밖에 될 수 없을까? 배우가 되는 방법은 전혀 없는 걸까?'

이런저런 궁리 끝에 스탤론은 우회 방법을 쓰기로 했다.

'시나리오를 쓰자. 시나리오가 제작자와 감독의 눈에 들면 나를 주연으로 써달라고 하자!'

그는 시나리오를 쓰기 시작했다. 그리고 1년 후 완성된 시나리오를 들고 제작사를 찾았다.

"이 시나리오가 영화로 제작된다면 주인공은 제가 하고 싶습니다."

"시나리오는 좋습니다. 그런데 당신 같은 무명 배우를 주연으로 쓰는 건 불가능합니다."

그는 매번 거절당했지만 스스로를 위로하며 용기를 냈다. 무려 1,500번의 거절을 당한 후, 그를 20번이나 거절했던 한 감독이 그에게 이렇게 말했다.

"당신의 연기가 어떤지는 잘 모르겠지만, 당신의 정신은 나를 감동시켰습니다. 당신에게 기회를 주지요."

3년의 준비 끝에 온 보석 같은 기회를 그가 놓칠 리 없었다.

그렇게 탄생한 영화 《록키Rocky》는 그해 미국 극장가를 휩쓸었고, 실베스터 스탤론은 미국 최고의 배우가 되었다. 스탤론의 트레이너는 이렇게 말했다.

"그는 어떤 일을 하게 되면 100퍼센트 몰입합니다. 의지와 노력이 정말 놀랍습니다. 그는 단 한 번도 그냥 앉아서 일이 일어나길 기다리는 법이 없습니다. 언제나 주도적으로 나서서 일을 만들지요."

평범한 사람으로 남고 싶지 않다면, 성공하고 싶다면 기억해라.

"성공으로 가는 운명은 내 손안에 있다!"

담력

힘든 일은 눈앞에 놓인 무거운 짐을 지고 걷는 것과 같다

_1945년 10월 17일 '충칭 평화담판에 관해'에서

"바른 것을 얻고, 제대로 보면 이루지 못할 일이 없다."

"입에 발린 칭찬에 혹하지 않고 마음과 힘을 키우는 사람은 어질고, 세속의 흐름과 경쟁하지 않고 뜻을 세우는 자는 귀하다."

마오쩌둥의 《강당록講堂錄》에 나오는 구절이다. 그는 '사람은 강한 의지를 가져야 한다.'고 강조했다. 실제로 그는 잘못된 것을 용납하지 않고 그 길을 막아서는 것에 대담히 맞서는 놀라운 의지력을 보여주었다. 이것이 바로 마오쩌둥이 큰 성공을 거둘 수 있었던 이유다. 이러한 의지력은 바로 제대로 보는 것에서 시작한다.

마오쩌둥은 사내대장부로 태어났으면 뛰어남을 보여야 한다고 자주 이야기했다. 그가 말한 뛰어남은 독서든, 사람과의 교류든, 새로운 일이든 모든 것을 뛰어나게 해서 뛰어난 남자가 되는 것이다.

1917년 6월 마오쩌둥이 다니는 사범학교에서 대표자 선발이 있었다. 지덕체 세 분야의 약 20여 개 항목을 대결했다. 총 400여 명의 학생이 출전해 34명이 당선되었고 그중 최고점을 받은 이는 마오쩌둥이었다.

지덕체 모든 항목에서 점수를 받은 사람은 마오쩌둥 단 한 명뿐이었다. 특히 그는 '담력' 항목에서 뛰어난 성적을 보여 "모험심과 진취력이 강하고, 어려운 일에 대비해 임하는 자세가 출중하다."는 평을 받았다.

어려움을 겁내지 마라

누구나 인생의 가치를 실현하고 싶어 한다. 그렇지만 꿈을 이루는 사람은 흔치 않다. 눈앞에 어려움이 닥치면 쉽게 좌절하기 때문이다. 앞으로 밀고 나가겠다는 강한 의지는 사라지고 순간 위축되어 인생의 목표를 포기하고 그럭저럭 평범하게 삶을 이어 나간다.

19세기 영국의 상류층 귀족 소녀들은 단 세 가지의 인생길을 선택해야 했다고 한다. 가정주부, 문학가, 간호사이다. 19세의 나이팅게일Florence Nightingale은 간호사의 길을 인생의 목표로 정했다. 그녀는 일기에 다음과 같이 썼다.

"보다 가치 있는 일을 해야 한다. 그것이 아마 나의 일이 되겠지. 지금 하고 있는 일은 정말 아무런 의미가 없어. 인류에게 도움이 되는 일, 어려운 사람을 돕는 일을 하고 싶어."

나이팅게일은 30세가 되던 해 부모를 설득해 간호 일을 배울 기회를 얻었다. 그리고 1853년, 그녀는 그렇게 바라던 간호사가 되었다.

1854년 영국과 러시아 간에 크림전쟁이 발발했다. 나이팅게일은 전장에서 부상당한 병사들의 기사를 신문에서 보고 전선으로 나갈 뜻을 품게 되었다. 그녀는 영국의 전시戰時 대신大臣 부인에게 편지를 보내 자신의 뜻을 전했다.

"저는 간호사 몇 명과 함께 군병원으로 가서 부상자를 돌볼 준비가 되어 있습니다. 모든 비용은 우리가 부담할 것이며, 군과 전선에 그 어떤 부담도 드리지 않겠습니다."

그러자 대신이 직접 나이팅게일에게 답장을 보냈다.

"정부는 간호사를 전선으로 보낼 결정을 했습니다. 그리고 이 일을 맡아 지휘할 사람은 당신 말고는 아무도 없습니다."

전선에서 나이팅게일과 간호사들은 마스크를 쓰고 제복을 입었다. 몸에는 붉은 띠를 두르고 총상을 입은 병사들을 돌보았다. 그녀가 그곳에서 보고 겪은 실제 상황은 신문에서보다 훨씬 더 심각했다. 야전병원은 혼란 상태였다. 그녀는 일단 상황을 바꾸기로 결심하고 병원의 열악한 조건을 개선하기 위해 힘썼다.

그녀는 돈을 모금해 침대와 식품, 비누를 구입하고 환자들에게 깨끗한 환경을 제공하기 위해 틈만 나면 바닥과 벽을 닦고, 환자복을 세탁했다.

나이팅게일의 이런 행동은 다른 간호사들을 감복시켜 그들 역시 힘든 내색을 하지 않고 함께 병원을 깨끗이 청소하고 환자들에게 보다 나은 환경을 제공하기 위해 노력했다.

그녀는 환자들이 먹는 것, 입는 것, 자는 것에도 신경을 썼지만 즉시 치료를 받을 수 있도록 하는 데 보다 힘을 쏟았다. 환자들은 "나이팅게일이 오고 나서 우리는 마치 천국에 있는 것 같아요."라고 입을 모아 칭찬했다.

나이팅게일이 환자를 치료하고 관리하고 간호하는 방법을 체계화시킨 덕에 그 병원의 부상자 사망률은 20퍼센트에서 5퍼센트로 현저하게 감소했다. 그녀가 간호한 부상자는 1만 명이 넘었다. 그녀의 이런 활동은 후에 각국 군병원에 커다란 본보기가 되었다. 전쟁이 끝나자 나이팅게일은 영국에서 가장 유명한 사람이 되어 있었다.

그녀는 어머니께 보내는 편지에 이렇게 썼다.

"어머니, 저는 이제 명망을 얻게 되었어요. 하지만 제가 하는 일에 별다른 도움이 되지는 않습니다. 저는 명망과 돈을 다른 사람들이 보다 행복하게 사는 데 쓰고 싶어요."

그리고 나이팅게일은 여론을 피해 영국군의 의료 간호 제도 개혁과 간호 지식 보급에 힘썼다.

간호 사업의 발전을 위해 나이팅게일은 런던에 영국 최초의 간호학교를 설립했다. 몇 년 후 나이팅게일이 배출한 간호사들은 영국은 물론 미국, 캐나다, 오스트리아 등 각국으로 진출했다. 그녀들의 뛰어난 재능과 근면한 태도는 모든 이들을 놀라게 했다.

나이팅게일은 다른 사람을 돕고 인류에 공헌하고 싶다는 어린 시절부터의 꿈을 온전히 이루었다. 국제적십자는 나이팅게일을 기념하기 위해 '나이팅게일 훈장'을 제정했고, 국제 간호사 협회는 그녀의 생일인 5월 12일을 '간호사의 날'로 지정했다.

나이팅게일처럼 고난과 어려움을 두려워하지 않고 앞으로 나가겠다는 정신이 있다면 무슨 일이든 분명 성공을 거둘 것이다.

용감하게 눈앞에 있는 어려움을 극복하고 도전해나갈 때, 비범한 신념이 마음속에 자리 잡아 그것을 통해 인생의 가치를 실현할 수 있다.

좌절에 용감해져라

종종 우리는 기적을 일으킨 사람을 보고 놀라워하지만 실상 그들의 성공 스토리를 들어보면 별반 특별한 게 없음에 더욱 놀랄지도 모른다. 그들이 보통 사람과 다른 점이라면, 어려움에 용감하게 도전했다는 사실이다.

전화기를 발명한 벨Graham Bell은 1847년 3월 3일 영국 스코틀랜드의 에든버러에서 태어났다. 할아버지와 아버지가 유명한 언어학자로 두 사람 모두 농아를 위해 많은 일을 했다. 그들은 특히 발성기관의 구조와 기능, 청각의 특징을 심도 있게 연구했다. 이런 가정환경에서 자란 벨은 어려서부터 언어에 깊은 관심을 가졌다.

17세 때 벨은 에든버러대학교 언어학과에 입학했고, 20세 때 다시 런던대학교에 들어가 언어학을 공부했다. 조부와 아버지의 영향으로 농아교육에 종사할 뜻을 품었던 벨은 후에 미국 보스턴에 농아학교를 세웠다.

'농아는 귀가 들리지 않지만 시력은 아주 좋다. 그럼 소리를 신호로 바꾸면 보다 의사소통이 수월해지지 않을까?'

자신의 생각을 실현하는 과정에 여러 어려움이 있을 것을 알고 있었지만 벨은 조금도 망설이지 않고 도전하기로 결심했다.

이때부터 벨은 교사 일을 접고 실험에 뛰어들었다. 어느 날, 그는 전원을 접속하고 끊는 과정에 안의 나사선 묶음에서 '사사' 하는 작은 소리가 생기는 것을 발견했다. 이를 통해 벨은 '전류로 소리를 보내는 방법은 어떨까?'라는 생각을 하게 되었다.

이 문제를 해결하기 위해 벨은 몇 명의 전기 전문가를 청했지만 그들은 전부 불가능하다고 냉담하게 말했다. 벨은 마지막으로 당시 저명한 물리학자인 조셉 헨리G. Henry를 찾아가 자신의 아이디어를 이야기했다.

"해 보시오."

"교수님, 저는 전기에 대한 지식이 부족합니다."

"배우시오."

벨은 헨리 교수의 격려 아래 다시 실험에 몰두했다. 벨은 전기전자학의 기초부터 학습하고 동시에 전기전자 기술자인 와트와 함께 일하기로 했다. 두 사람은 각각의 방에 전화기를 놓고 연결한 뒤 실험을 거듭했지만 번번이 실패했다.

그러던 어느 날, 벨은 전지에 황산을 넣다가 실수로 다리에 쏟고 말았다. 갑작스러운 극심한 통증에 다급해진 벨은 전화기에 대고 와트를 불렀다. 그런데 놀랍게도 그 소리를 듣고 와트가 달려왔고 이렇게 전화기가 탄생했다.

후에 벨은 이렇게 회상했다.

"만약 조셉 헨리 교수의 격려가 없었다면 나는 전화기를 발명하지 못했을 것이다."

독일 태생의 미국 전기공학자 스타인메츠Steinmetz가 이룬 성과는 에디슨과 비견될 만큼 대단한 것이었다. 그의 연구 대부분은 휠체어에서 이루어졌다. 그는 장애인이었지만 위축되거나 누구를 원망해본 일이 없는 낙천적인 사람이었다. 그는 성공하기 위한 방법은 노력밖에 없다는 사실을 잘 알고 있었다. 스타인메츠는 밤잠을 자지 않고 연구를 거듭했고, 실패할 때마다 다시 오뚝이처럼 일어나 위대한 학자가 되었다.

영국의 역사소설가 월터 스콧Walter Scott 역시 장애를 가지고 있었지만 그는 강한 의지로 불구의 다리를 극복하고 작가가 되었다.

인생에는 고난이 닥치기 마련이다. 계절마다 태풍이 부는 것과 같다. 언제나 아름답고 평화로운 마을에서만 살 수는 없는 법이다. 설령 따뜻한 햇빛이 내리쬐고 산들산들 바람이 부는 곳에 머문다 해도 그 같은 상태가 길어지면 지루해진다. 그럴 바에야 차라리 비바람이 불고 폭풍이 부는 삶을 사는 게 낫지 않은가.

고상하고 순결한 인격은 고난을 이겨내면서 갖춰진다. 불행을 만나면 정확히 자신을 인식하고, 불행을 전진의 동력으로 삼아야 한다.

자신을 믿고 용기를 내라

1973년 댄 케네디Dan Kennedy는 고등학교를 졸업하고 일자리를 찾고 있었다. 그는 세일즈맨부터 시작해 경험을 쌓고 싶었다. 처음 그의 꿈은 고정 월급에 수당과 보너스를 받고 매일 멋진 양복을 입고 출근하며 가끔 다른 도시로 출장을 가는 직장이었다. 어느 날 그는 자신이 원하는 구인 공고를 발견했다.

"출판사 전국 세일즈 본부장이 사람을 구하기 위해 이 도시에 이틀간 머물 예정이다. 뽑힌 사람은 5개 주의 각 서점, 백화점과 소매점의 업무를 맡는다."

케네디는 작가나 편집자가 되고 싶은 꿈이 있었기에 '출판'이라는 두 글자에 마음이 끌렸다.

광고에서는 초봉은 1,600~2,000달러, 수당 지급, 보너스와 업무비 지급, 회사 차량 지원이라고 적혀 있었다. 그야말로 케네디가 생각한 조건과 딱 들어맞았다. 그는 부푼 기대를 품고 면접을 보러 갔다.

"우리가 찾는 분이 아닙니다. 대학을 졸업하고 35~40세가량의 세일즈 경험이 풍부한 분을 찾고 있습니다."

"귀사의 현재 모집하고 있는 자리가 6개월째 공석인 걸로 알고 있습니다. 3개월쯤 더 자리를 비워도 큰 문제없겠죠? 제게 3개월의 기회를 주십시오. 월급은 필요 없고, 차도 제 것을 쓰겠습니다. 업무비만 주십시오. 만약 3개월 안에 제가 능력을 증명해 보이면 다시 3개월을 주십시오. 그때는 월급의 반만 받고 일하겠습니다. 수당과 보너스, 차는 지급해 주십시오. 그러고 나서도 제가 계속 일을 하게 된다면 월급과 모든 조건을 정상으로 해 주십시오."

이렇게 해서 케네디는 3개월간 고용되었다. 그 짧은 동안 그는 출판사의 세일즈 시스템을 재정비해 판매 기록을 3번이나 갈아치웠다. 말썽이 많은 지역 서점의 문제를 해결하고, 새로운 고객을 확보하고, 새로운 거래처를 확보해 책을 납품했다. 그리고 3개월 뒤 그는 정식으로 고용되었다. 현재 그는 백만장자 메이커이자, 경영컨설턴트 겸 시간 관리의 대가로 널리 알려져 있다.

가능

무슨 일이든 움켜쥐고 내 것으로 만들어라

_1949년 3월 13일 '당위원회 작업 방법'에서

1916년부터 마오쩌둥은 여러 친구와 모여 갖가지 주제를 가지고 토론을 했다. 중심 주제는 '어떻게 하면 개인과 인류의 생활을 향상시킬 수 있을까.'였다. 약 15명의 친구들은 별다른 일이 없어도 항상 모여 토론을 했다. 그러다 보니 1년에 100일은 함께 지내는 듯했다. 그들은 오랜 토의 끝에 마침내 하나의 결론에 도달했다.

"동지를 모아 새로운 환경을 창조하고, 공동을 위해 일한다."

공통된 의견을 수렴하고 이를 실현하기 위해 준비하던 중 그들은 신문화운동을 접하고, 사상에 급격한 변화를 겪게 되었다.

"조용하고 안정된 생활과 고독한 생활이 다르다는 것을 깨달으면, 동적인 생활과 공동생활을 추구하게 된다."

마오쩌둥의 마음속에도 자연스럽게 사상의 변화와 전환이 일어났다. 이를 토대로 1918년, 마오쩌둥과 친구 몇몇은 많은 이의 호응을 얻어 신민학회를 설립했다. 여기에 참여한 청년들은 마음 깊이 공동의 목표를 각인하고 이후 중국 혁명을 위한 사상의 기초를 마련했다.

인생 사전에서 '불가능'을 없애라

지금껏 아무 성과가 없다면 하는 일마다 잘 풀리지 않아서가 아니라 제대로 끝맺은 일이 하나도 없는 탓이다. 별생각 없이 하루하루를 헛되이 보내며 황금 같은 시절을 낭비하는 사람들이 있다. 그들의 인생 사전에는 '불가능'이란 단어가 가득하다. 불가능, 이 세 글자를 마음속에 품고 꿈과 이상을 스스로 포기한다.

톰 뎀프시Tom Dempsey는 왼쪽 발가락이 없고, 오른손이 기형이지만 미국 프로 미식축구 팀인 뉴올리언스 세인츠의 선수다.

톰은 어렸을 때부터 장애로 위축되지 않고 당당하게 살도록 교육받았다. 보이스카우트 활동을 할 때도 다른 아이들과 같이 10킬로미터를 행군하는 등 모든 일에 차별을 두지 않았다.

대학에 입학한 톰은 자신이 다른 이들보다 훨씬 멀리 공을 찰 수 있는 걸 알게 되었다. 그는 본인의 발에 맞춘 특수한 신발을 제작해서 신고 미식축구 선수단 테스트에 참가해 당당히 합격했다.

학교를 졸업하고 그는 뉴올리언스 세인츠에 입단 신청을 했다. 코치는 그의 몸 상태를 보고 내심 망설였지만 자신감 있는 태도에 호감을 느껴 입단을 허락했다. 그 후 2주간 훈련을 지켜본 코치는 톰을 깊이 신뢰하게 되었다. 톰이 친선경기에서 55마일에 달하는 필드골을 성공해 팀에 승리를 가져온 것이다. 훈련 기간이 끝나고 톰은 팀의 주전으로 선발되어 그해 가을 시즌 총 99점을 득점하며 활약했다.

그리고 마침내 그의 인생에서 가장 위대한 날이 왔다. 이날 톰은 66,000명의 관중이 지켜보는 가운데 경기 종료를 몇 초 남겨 두고 63마일이나 되는 필드골을 성공시켰다. 그 골로 톰의 팀은 극적인 역전승을 거두었다. 그리고 이 필드골은 미국 미식축구 사상 최장거리로 등극했다. 장애를 딛고 놀라운 기록을 세운 톰에게 관중은 열화와 같은 성원을 아끼지 않았다.

그 모습을 조용히 바라보며 미소 짓던 톰은 다음과 같은 말을 남겼다.

"이 자리에 설 수 있는 건 모두 부모님 덕이다. 부모님은 내게 단 한 번도 '너는 할 수 없다'라는 말을 하지 않았다!"

나폴레옹의 10세 때 꿈은 작가였다. 작가는 문장을 자유자재로 다룰 수 있어야 하고, 그러려면 무엇보다 책을 많이 읽는 게 중요할 것이다. 그런데 나폴레옹의 집은 무척 가난해 책을 구입하기는커녕 정규교육조차 제대로 받지 못할 형편이었다. 이 같은 상황에 작가라는 꿈은 어찌 보면 불가능이었다.

그렇지만 나폴레옹은 꿈을 포기하지 않았다. 그는 저축해둔 돈을 털어 사전을 구입했다. 그리고 사전에서 '불가능'이란 단어가 인쇄된 부분을 전부 가위로 오려내고, 나머지 단어는 완벽하게 이해하고 습득하리라 다짐했다. 그 후 그는 어떤 일을 하든 '불가능은 없다'는 마음가짐으로 거침없이 돌진했다.

불가능을 가슴에 품은 채로, 그 일은 도저히 불가능하다고 실패할 수밖에 없었다고 변명하지 마라. 성장하고 싶은 사람에게 불가능이란 없다. 그렇다고 나폴레옹처럼 사전을 구입해서 불가능이란 단어를 없앨 필요는 없다. 단, 머릿속에서 불가능이란 단어를 떨쳐내라. 말을 할 때도, 사소한 행동에서도 어물거리지 말고 당당해라. 불가능이 자리 잡고 있던 그곳에 밝고 긍정적인 '가능'을 넣어라.

승리자의 만족감

실패를 맛본 사람은 자신이 패한 게 아니라 단지 승리하지 못했을 뿐이라고 스스로를 보호하는 경향이 있다. 실패를 했든 승리를 했든 그건 중요한 게 아니다. 이번에 실패했더라도 승리자가 될 수 있다는 마음을 버리지 말고 계속 도전해야 한다. 실패든 성공이든 많은 경험을 쌓아 그 안에서 배울 점을 찾고 그것을 자신의 장점으로 만들어라. 온 힘을 다해 노력한 사람은 결과가 어떻든 승리자다. 가진 힘을 전부 발휘해 몸과 마음을 다해 애쓰면 온몸에 승리자만이 가질 수 있는 만족감이 가득 들어찰 것이다.

뉴욕대학교의 교수 랜디 마틴Randy Martin은 1972년 제1회 보스턴 마라톤 대회에 참가한 소감을 다음과 같이 말했다.

"그 마라톤 대회는 경사가 심한 난코스로 유명해, 완주하는 모든 사람에게 상금을 지급했다. 이 대회에서 1등을 하든 아니든 그건 중요하지 않았다. 완주하는 모두가 승리자였다. 어떤 일에 온 힘을 다했을 때 받을 수 있는 가장 큰 보상은 1등이란 타이틀이 아닌 바로 그것을 해냈다는 만족 그 자체일 것이다."

무슨 일을 하든 최선을 다해 노력하면 능력 이상의 힘을 발휘해 성공에 가까이 다다를 수 있다. 또한 목적하는 바를 온전히 이루지 못한다 해도 실망보다는 흡족함이 온몸을 감쌀 것이다. 할 수 없다고 섣불리 단정 짓지 마라. 할 수 있다고 믿고 계속 그 일을 해나가면 결국 목적을 이룬 자신을 발견할 것이다.

목적지에 도달하면 인생의 가장 아름다운 풍경과 마주한다

위로 올라가려는 마음은 본능이다. 작은 곤충, 벌레조차 이 같은 본능을 지닌다. 땅에 묻힌 씨앗은 위로 올라가려는 본능으로 흙을 뚫고 나와 새싹을 틔우고, 아름다운 모습을 세상에 뽐낸다. 우주의 모든 생명체는 노력으로 높은 경지에 다다르고, 만물은 진화하며 발전한다. 애벌레는 변태를 거쳐 나비가 되지만 나비는 절대 애벌레로 퇴화하지 않는다. 이것이 바로 진화의 법칙이다.

사람의 마음에도 이 같은 본능과 욕구가 자리 잡고 있다. 억누를 수 없는 감정은 보다 완벽한 인생을 추구하는 원동력이 된다. 위대한 동력이 이끄는 대로 나아가면 무럭무럭 성장해 꽃을 피우고 열매를 맺는다. 반면 내재된 동력을 무시하거나 아주 가끔씩 받아들인다면 성취하는 게 없다.

이 동력은 정지를 허락하지 않고 끊임없이 부추긴다. 찬란할 내일을 위해 계속 노력하라고 자극하고 격려한다. 흐르는 강물처럼 쉬지 않고 인류가 발전하듯 그것을 이루어내는 사람의 진취성과 욕망 역시 만족을 모르고 앞을 향한다.

지금껏 수많은 목적을 이루었더라도 오늘이 어제와 같고, 내일이 오늘과 같을 거라면 결코 만족을 얻지 못한다. 과거로 퇴행하거나 제자리에 어정쩡하게 정지하면 귓가에 속삭임이 들려온다. '노력하라! 앞으로 나아가라!' 속삭이는 소리의 정체는 내면의 동력이다. 그 신비한 힘은 현재에 안주하지 말고 더 멀리 날아오르라고 몸을 들쑤신다.

《월든Walden》의 저자, 헨리 데이비드 소로Henry David Thoreau는 이런 말을 했다.

"모든 정열을 한 가지 목표에 쏟아부어도 정말 무엇도 이루지 못할까? 한결같은 꿈을 가지고 끊임없이 자신을 자극하는데도 정말 한 단계도 성장하지 못할까? 영웅과 같은 태도로 넓은 마음과 진실한 믿음, 진리를 추구하며 열정으로 세상을 대하는데 정말 아무것도 얻지 못할까? 설령 그렇다 치더라도 정말 모든 노력이 헛된 것일까?"

위로 올라가려는 욕망은 자신을 자극하는 큰 힘이 되어 인생을 보다 가치 있게 만든다.

포부와 욕망은 본능이지만 후천적으로 배가시킬 수 있고, 여러 가지 손상을 입어 심각한 타격을 받기도 한다. 할 일을 끝내지 않고 자꾸 미루고, 힘든 일은 피하고 쉬운 일만 하려는 습관은 포부를 꺾는다. 반대로 아무리 작은 일이라도 자주 성공을 경험하다 보면 포부가 커져 더욱 위로 올라가고 싶어진다.

꿈을 이루고 싶은 바람은 모든 이의 가슴에 살아 숨 쉬며 수시로 마음의 대문을 두드린다. 그 소리를 주의 깊게 듣고 살피지 않으면 마음의 대문에 녹이 슬어 영영 열리지 않을지 모른다. 눈앞의 기회도 포착하지 못해 야심을 발휘할 적절한 때를 놓치면 마음에 품은 강렬한 소망은 어떠한 작용도 하지 못하고 연기처럼 사라질 것이다.

인생이라는 기나긴 길에 어려움에 부딪힐 때면 다음의 말을 기억해라.

"이 세상에서 위로 올라가겠다는 마음보다 높은 산은 없다."

기회는 순식간에 곁을 스쳐간다. 재빨리 움켜쥐지 않으면 숨을 한 번 쉴 만한 아주 짧은 동안에 눈앞에서 사라진다. 모든 사람에게는 그만이 가진 재능이 있다. 재능은 기회를 만나 반짝이는 빛을 얻는다.

기회를 포착하라

한마을에서 자라 둘도 없는 친구 사이인 아황과 아하오라는 청년이 있었다. 그들이 사는 마을은 산간벽지로, 마땅한 돈벌이가 없었다. 이 문제로 궁리하던 두 사람은 어느 날 가지고 있던 밭을 전부 팔아 돈을 마련해 먼 길을 떠났다.

제일 먼저 도착한 곳은 면을 생산하는 마을이었다. 아하오가 아황에게 말했다.

"우리 마을에서 면은 아주 귀한 물건이니 면을 사가서 되팔면 분명 큰돈을 벌 수 있을 거야!"

아황이 그 말에 동의해 둘은 가지고 있던 돈을 전부 털어 면을 사고, 노새에 각각 싣고 다시 길을 떠났다. 두 번째로 도착한 곳은 양가죽으로 유명한 마을이었다. 그런데 마침 그곳에 면이 부족해 값이 올라 있었다. 아하오가 아황에게 말했다.

"여기에서 면을 팔면 이익을 볼 수 있을 거야. 그 돈으로 양가죽을 사가자. 우리 마을에서는 면보다 양가죽이 더 귀하니 큰돈을 벌 수 있을 거야!"

"싫어. 면을 노새에 싣고 꽉 묶느라 얼마나 고생했는데 저걸 언제 다시 풀어서 내려, 귀찮아."

별수 없이 아하오는 제 몫의 면만 팔아넘겼다. 면의 가격이 치솟은 상태였기에 아하오는 꽤 많은 이익을 얻어 양가죽을 사고도 약간의 돈이 남았다.

그들이 세 번째로 도착한 마을은 약재가 유명한 곳이었다. 그런데 마침 그곳에 한파가 들이닥쳐 갑자기 날씨가 추워진 탓에 양가죽과 면이 비싼 값에 팔리고 있었다. 아하오가 아황에게 말했다.

"나는 양가죽을 팔고, 너는 면을 팔아서 그 돈으로 약재를 사 가자. 우리 마을에서는 약재가 무척 귀하니 분명 큰돈을 벌 수 있을 거야!"

"싫어, 귀찮아."

이번에도 아하오 혼자 양가죽을 팔았다. 상인이 양가죽 값을 후하게 쳐주었기에 그는 꽤 이익을 얻어 그 돈으로 약재를 사고도 많은 돈이 남았다. 그리고 길을 떠난 그들은 황금으로 유명한 마을에 도착했다. 그런데 마침 그곳은 약재와 면이 귀하게 취급되고 있었다.

아하오가 다시 아황을 설득했다.

"이곳은 약재와 면이 아주 비싸고, 오히려 황금이 저렴해. 이곳에서 약재와 면을 팔아 그 돈으로 황금을 사가자. 우리 마을에서는 면보다 황금이 훨씬 귀하니 떼돈을 벌 수 있을 거야!"

"아니, 싫어. 나는 내 면을 무엇과도 바꾸고 싶지 않아!"

이번에도 아하오 혼자 약재를 팔아 황금을 샀고 전보다 더 많은 돈도 남겼다. 반면 아황은 여전히 처음 들른 마을에서 구입한 면이 전부였다.

드디어 긴 여정을 마치고 마을에 도착한 아하오와 아황은 각자의 물건을 내다팔았다. 아황은 면을 팔아 이윤을 남겼지만 힘들고 먼 길을 다녀온 걸 계산하면 본전치기나 다름없었다. 반면 아하오는 사고파는 과정에서 이미 큰돈을 벌었고, 가져온 황금을 팔아 순식간에 마을 최고의 부자가 되었다.

결심은 어렵지 않다. 어려운 것은 행동이다. 보통, 사람들은 아황과 같이 매일 주어진 일에만 시간을 쓴다. 눈앞의 월급에 급급해 아무런 자각 없이 출근과 퇴근을 반복한다. 성공하고 싶은 마음은 있지만 변화와 돌파를 추구하지 않고, 기회가 와도 어떻게 잡아야 하는지 알지 못한다. 꿈을 이루려면 아하오와 같이 순간의 기회를 잘 포착해야 한다.

인류의 길고 긴 역사에서 재능 있는 인재가 얼마나 많았겠는가. 다만 그들 중 많은 사람이 자신에게 다가온 기회를 포착하지 못하고 보냄으로써 조용히 역사 속으로 사라졌다.

무미건조한 인생에 진저리가 난다면 미국의 농구선수 마이클 조던Michael Jordan의 말을 기억하라.

"만약 당신이 재능이 있다면, 가장 필요한 것은 기회를 포착해 자신을 드러내는 것이다!"

노력

행운에 기대고
남의 도움으로 이기려는 마음을 버려라

_1945년 10월 28일 '견고한 동북 근거지 건립'에서

마오쩌둥은 여금희黎錦熙에게 보낸 편지에 이런 내용을 썼다.

"우주에 대해, 인생에 대해, 나라에 대해, 국가에 대해 어떤 주장을 펼칠지 여전히 고민하고 있을 뿐 정한 바가 없다. 아직 뜻을 세워 굳히지는 못했지만 나는 계속 공부하며 알아갈 것이다. 젊은 지식인의 사상이 성장하는 과정에 이런 일은 비일비재하지 않은가."

마오쩌둥은 사회를 개혁하고, 국민을 어려움에서 구하겠다는 신념을 사고의 출발점으로 삼았다. 사회의 변화에 따라 적극적으로 변화하고 발전하겠다는 생각이 중심이었다.

"나부터 시작하자. 인생을 적극적으로 살자."

이는 그가 가장 중요시한 정신 수양의 핵심이었다.

꿈꾸는 것만으로는 부족하다

 꿈을 마음속 깊이 품고 앉아 하늘에서 떡이 떨어지기만 기다리는 사람이 있다. 본인도 이런 생각이 얼마나 비현실적인지 알고 있으면서도 그 어떤 노력도 하지 않는다. 이런 사람은 절대 성공할 수 없다. 그들은 '성공의 관건은 노력과 행동을 얼마나 기울였는가에 달려 있다'는 아주 기본적 명제조차 이해하지 못하기 때문이다.

 시시의 아버지는 유명한 성형외과 의사이고, 어머니는 대학교수이다. 이런 가정환경은 시시가 자신의 이상을 실현하는 데 많은 도움이 되었다. 시시는 대학을 다니면서부터 방송인을 꿈꾸었다. 구체적으로는 토크쇼 진행자가 되고 싶었다. 그녀는 자신이 그 방면에 재능이 있다고 믿었다. 낯선 사람과 금세 친해지고, 상대방의 속 깊은 이야기를 쉽게 끌어내고, 주위 사람들로부터 '친절한 휴대용 정신과 의사'라고 불리었기 때문에 자신에게 친화력이 있다고 생각했다.

 "단 한 번만 텔레비전에 출연할 기회만 주어진다면 분명 단번에 성공할 수 있는데."

 시시는 이 말을 입에 달고 살았다. 하지만 그게 전부였다. 그녀는 자신의 꿈을 이루기 위한 준비도 노력도 하지 않았다. 그저

기적이 일어나기를 바랐을 뿐이다.

한 중년 여인이 매일 교회에 와서 같은 내용의 기도를 했다.

"하느님, 수십 년간 매일 기도합니다. 제발 한 번만 복권에 당첨되게 해주세요. 아멘."

그다음 날, 여인은 기운이 쭉 빠진 채 교회에 나타나 또 기도했다.

"왜 제게 복권 당첨의 기회를 주지 않으시나요? 어떤 대가라도 달게 받겠으니 제발 한 번만 소원을 들어주세요. 아멘."

그러던 어느 날 여인이 울면서 기도했다.

"하느님, 제발 단 한 번만 복권에 당첨되게 해주세요. 그거면 제 모든 고통이 끝납니다. 앞으로 더 정성껏 기도하겠습니다. 들어주세요. 아멘."

그때 어디선가 목소리가 들려왔다.

"네 기도는 항상 듣고 있다. 그런데 복권에 당첨되고 싶으면 적어도 한 장은 사야 하지 않겠느냐?"

꿈은 성공으로 향하는 출발선이고, 결심은 출발을 알리는 신호다. 행동은 전력 질주와 같다. 마지막 1미터까지 최선을 다해 달릴 때 성공의 금메달을 목에 걸 수 있다.

재능을 낭비하면 삶이 불행해진다

뛰어난 재능을 가진 사람은 남들보다 빨리 성공에 이른다. 그러나 재능을 믿고 기고만장하거나 올바르게 쓰지 못하면 가장 큰 피해자는 바로 자신이다.

1887년 미국 남부의 한 작은 마을 잡화상에서 60세쯤으로 보이는 멋진 신사가 담배 한 갑을 사고 20달러를 냈다. 점원은 지폐를 받고 거스름돈을 건네다가 자신의 손에 검은 잉크가 묻은 것을 발견했다. 그는 순간 무척 놀랐지만 설마 그 신사가 위조지폐를 주었을 거라는 생각은 하지 않았다.

점원은 한참 고민하다가 결국 경찰에 신고했다. 노신사의 집에서는 20달러짜리 위조지폐와 3점의 초상화가 발견되었다.

위조지폐는 노신사가 직접 손으로 그린 것이었다. 그는 뛰어난 화가로, 어찌나 정교하게 지폐를 위조했는지 모두가 깜박 속아 넘어갈 정도였다. 손에 잉크가 묻지 않았다면 아마 점원도 알아채지 못했을 것이었다.

노신사는 결국 교도소에 수감되었다. 그사이 노신사가 그린 초상화가 경매에 붙여졌는데 그림 1점당 5,000달러 이상에 팔려 나갔다. 아이러니한 건 노신사가 5,000달러 상당의 초상화를 그리는 데 걸린 시간과 20달러 위조지폐를 그리는 데 걸린 시간이 같았다는 것이다.

바른길을 선택하지 않으면 아무리 대단한 재능이 있어도 결코 성공할 수 없을뿐더러 불행에 빠지게 된다.

마냥 기다리면 인생에 아무것도 남지 않는다

아메리카 대륙을 발견한 크리스토퍼 콜럼버스Christopher Columbus의 일생은 꿈을 실현하는 가장 좋은 예를 보여준다.

학생 시절, 콜럼버스는 우연히 피타고라스의 저서를 접하고 지구가 둥글다는 것을 알게 되었고 그 내용을 머릿속 깊이 각인했다. 오랜 시간 사색과 연구를 거친 끝에 그는 여러 사람 앞에서 공언했다.

"만약 지구가 둥글다면 가장 빠른 경로로 인도에 다다를 수 있다."

그의 발언에 당시 수많은 학자와 철학자는 서양에서 동양에 간다는 것은 멍청이의 꿈과 같다고 비웃으며 충고했다.

"이보게, 지구는 평평하다네. 계속 서쪽으로 가다가는 결국 아래로 떨어지고 말걸세. 그게 자살과 뭐가 다르겠는가."

콜럼버스는 자신의 생각에 믿음이 있었지만 가정형편이 어려워 이상을 실현할 수 있는 모험을 감행할 만한 재정적 여건이 허락되지 않았다. 다른 사람에게 돈을 빌리기도 했지만 턱없이 부족했다. 그렇게 17년을 기다렸지만 돌아오는 건 실망뿐이었다. 마침내 콜럼버스는 때가 오기를 바라던 것을 포기하고 직접 스페인의 여왕 이사벨 1세Isabel I를 찾아갔다. 여왕은 그의 이상에 탄복해 배를 내주고 동방탐험대를 조직하도록 지시했다.

그런데 예상치 못한 일이 일어났다. 동방으로의 원정이 죽음의 길이라 믿고 선원들이 파업을 선언한 것이다. 콜럼버스는 그들을 찾아가 애원과 설득을 반복했지만 그럼에도 뜻을 따라주지 않자 별수 없이 반강제와 협박으로 그들을 배에 태웠다. 그런데도 선원이 모자라 여왕에게 청원해 감옥에 있는 사형수들을 동원하고 만약 탐험에 성공하면 그들의 죄를 사면하도록 했다.

1492년 8월 콜럼버스는 마침내 3척의 범선을 이끌고 항해를 떠났다. 그러나 얼마 못 가 2척의 범선이 침몰했고, 그가 탄 배도 수백 해리에 달하는 해초에 걸려 진퇴양난에 빠졌다. 가까스로 해초를 빠져나와 70일이 넘게 항해를 했지만 육지의 흔적조차 찾지 못했다. 선원들은 동요하기 시작했고 급기야 배를 돌리지 않으면 죽이겠다고 콜럼버스를 협박했다.

콜럼버스는 당근과 채찍을 번갈아 사용하며 그들을 설득했다. 하늘이 무너져도 솟아날 구멍이 있는 법인지 얼마 후, 콜럼버스

탐험대는 갈매기 무리를 발견했다. 콜럼버스는 갈매기를 따라 서남쪽으로 항로를 변경했다. 갈매기가 있다는 것은 근처에 사람들이 살고 있다는 증명이기 때문이다. 그리고 마침내 콜럼버스는 아메리카 대륙을 발견했다.

콜럼버스는 영웅이 되었고, 아메리카 대륙에서 진귀한 물건을 가져가 여왕에게 바침으로써 큰 상을 받고, 신대륙의 발견자로 역사에 이름을 길이 남겼다. 이 모든 것이 이상을 위해 적극적으로 행동한 결과다. 만약 콜럼버스가 적극적으로 행동하지 않고 마냥 때를 기다렸다면 역사책에 아메리카 대륙의 발견자는 다른 사람의 이름이 적혀 있을 것이다.

자력으로 나아가라

바느질 하나로 자신의 브랜드를 만든 세계적인 디자이너 피에르 가르뎅Pierre Cardin은 가히 20세기의 영웅이라 할 수 있다.

피에르 가르뎅은 1922년 7월 2일 이탈리아 베니스 부근의 가난한 농가에서 태어났다. 그가 2세 때 전쟁으로 가족 모두가 고향을 떠나 프랑스 남부의 작은 도시에 정착했다. 당시 가족의 생계를 아버지 혼자 벌이로 꾸렸기 때문에 집안 형편이 좋지 않았다. 그는 당시를 "가난함을 빼도 여전히 가난밖에 남지 않는 시기였다."고 회고했다.

  7세 때, 그는 이웃 누나에게 인형에게 입힐 치마를 만들어 선물했다. 그 인형 치마는 그의 삶에 깊이 각인되었고, 그 후로 동네 옷가게 쇼윈도에 걸린 다양한 옷을 구경하는 취미가 생겼다.

  14세 때, 작은 양장점의 점원으로 취직한 그는 타고난 재능으로 2년 만에 그곳 디자이너의 수준을 넘어섰다. 직접 디자인한 독특한 의상을 선보여 마을의 부유한 아가씨들이 그를 찾아와 옷을 부탁할 정도로 명성을 얻었다.

  그는 디자이너의 꿈을 이루기 위해 패션의 도시 파리에 갔다. 그런데 2차 대전의 영향으로 수많은 양장점이 문을 닫았다. 겨우 얻은 일자리는 원만하지 못했고 게다가 독일군에 붙잡혀 감옥신세를 졌다. 다행히 유태인이 아니라 곧 풀려난 그는 비시 vichy 시로 옮겨 작은 양장점에 취직했다. 각고의 노력 끝에 그는 그곳에서 디자인과 재단 기술을 배웠고, 5년 후에는 도시에서 가장 유명한 재단사가 되었다.

  그렇지만, 그는 여전히 꿈이 멀게 느껴졌고 그런 심정으로 이국 생활을 견뎌야 했다.

  어느 날, 피에르 가르뎅은 답답한 마음을 달래기 위해 작은 바에서 혼자 술을 마시고 있었다. 그때 키가 크고 우아한 귀부인이 그에게 다가왔다. 그 부인은 원래 파리의 백작부인이었으나 집안이 몰락해 비시로 이주해 살고 있었다. 그녀는 홀로 술을 마시는 젊은 청년을 유심히 보다가 그가 입고 있는 옷에 관심을 가진 것이었다. 그가 입고 있는 고급스럽고 아름다운 옷이 직접 만든 거라는 걸 알자 그녀는 감탄을 금치 못했다.

"세상에! 젊은이, 당신은 분명 백만장자가 될 거예요. 그게 당신의 운명이랍니다. 성공한 사람은 모두 고통의 시간을 겪게 마련이죠."

그리고 그녀는 자신의 친구가 운영하는 파리의 유명 옷가게의 연락처를 그에게 건넸다.

이 신비한 부인의 말은 마치 불에 기름을 부은 것처럼 침체됐던 그를 일으켰고, 40년 후 부인의 황당한 예언은 현실로 이루어졌다.

1995년, 1996년 파리 겨울과 봄 시즌 오트 쿠튀르haute couture˙

˙본래는 고급 재봉이란 뜻을 가지고 있는데 특히 여성복 제작을 말한다. 시초는 나폴레옹 3세 비妃의 전속 드레스 메이커인 워르트Worth였다. 1868년에 시작되었으며 전임 디자이너가 계절에 앞서 고객을 위한 새로운 창작 의상을 발표하면, 이것이 전 세계 유행의 방향을 결정했다. 이 신작 모드 발표회를 파리 컬렉션이라 하며, 1년에 2회 열린다.

컬렉션이 열렸다. 수많은 슈퍼모델이 피에르 가르뎅이 디자인한 옷을 입고 무대 위를 누볐다. 50년이 넘게 활동하면서도 여전히 늙지 않고, 젊은 디자이너 못지않은 감각으로 왕성하게 활동하는 노디자이너에게 관객은 아낌없이 갈채를 보냈다.

50여 분간 100여 벌의 의상을 통해 피에르 가르뎅은 자신의 공력과 지혜, 고갈되지 않은 재능과 감각 그리고 뜨거운 열정을 마음껏 드러냈다.

피에르 가르뎅은 수많은 박수갈채와 계속되는 성공과 명예에도 늘 냉정함을 잃지 않았다. 그는 이렇게 말했다.

"나는 평범한 디자이너에 불과하다. 하지만 한 땀, 한 땀 바느질 과정은 내 투쟁의 역사다."

14

실행
말만 늘어놓지 말고 실천가가 되어라

마오쩌둥이 청년 시절 다녔던 후난 사범학교의 규정〈학생 교육에 관한 요지〉에 보면 다음의 조항이 있다.

'국민교육에 있어 실제 상황을 중시해, 학생들이 현재의 큰일과 사회 상황을 명확히 알 수 있게 한다.'

마오쩌둥은 전통 사상의 빼어난 부분을 흡수하고, 현실 상황을 중시하며 공부에 임했다. 마오쩌둥은 청나라 시대 유물주의 사상가인 고염무顧炎武의 '실학實學을 이학理學으로 대신하자'는 주장, 왕부지王夫之의 '먼저 행동하고 나중에 알자'는 학설, 안원顔元의 '마음속에는 사상이 입으로는 토론을, 천만 가지 뜻이 있어도 한 번 스스로 행동해 아는 것보다 못하다'는 관점의 영향을 받았다. 그는 《강당록》에 다음과 같이 적어놓았다.

"실질적 의의에 따라 진심으로 학문을 구하라."

"선인의 학습은 행동을 중시했다."

"문을 닫고 배움을 구하는 것은 아무 소용이 없다. 천하에서 만물에서 배움을 구해야 한다."

귀로 듣고 눈으로 보고 손으로 적으면서 마오쩌둥은 사회의 현실에 있어 주요한 인식을 키워나갔다. 그는 친구에게도, 글자가 있는 책도 좋지만 글자가 없는 책 즉 현실을 읽으라고 충고했다.

위대한 사람은 생각을 행동으로 옮겼기 때문에 위대하다

19세기 스웨덴의 작은 도시에 한 소년이 살고 있었다. 매 끼니를 걱정할 만큼 집안 형편이 어려워 학교에 다니지 못했지만 소년은 가난에 위축되거나 현실을 부끄러워하지 않았다.

소년은 일하는 틈틈이 건축 관련 서적을 읽으며 혼자 공부했다. 시간이 날 때마다 꾸준히 학문을 배우고 익힌 덕에 점차 건축에 상당한 지식을 쌓을 수 있었다.

소년은 자라서 한 건설 회사 사장의 비서로 취직했다. 그는 누구보다 자신의 일에 적극적으로 임하고, 건축에 지식이 있음을 드러내며 실력을 내보였다. 신임을 얻은 그는 사장의 추천으로 한 유명 건축가의 보조로 들어가게 되었다. 그는 열심히 배우고, 학습한 것을 토대로 새로운 것을 창조하며 귀한 경험을 쌓아나갔다. 그러면서 점차 건축 분야에 이름을 알리기 시작했다. 그렇지만 학력과 배경이 없는 탓에 아무리 노력해도 높은 자리에 오르기는 쉽지 않았다.

어느 날, 그는 거리 행진을 구경하던 중 스웨덴 국왕의 모습을 보고 이런 생각을 하게 되었다.

'국왕과 아는 사이라면 나도 성공할 수 있을 텐데. 어떻게 국왕의 주의를 끌 수 있을까?'

그때 갑자기 정신이 반짝하며 불꽃이 튀었다.

'국왕은 프랑스 사람이지! 만약 프랑스에 있는 개선문 같은 건축물을 스웨덴에 짓는다면 분명 기뻐할 거야!'

그는 즉시 행동에 들어갔다. 그리고 얼마 후, 여기저기에서 지원을 받아 시내에 개선문과 비슷한 건축물을 지었다. 그의 예상대로, 이를 발견한 국왕은 감개무량한 표정으로 하염없이 건축물을 바라보았다.

얼마 지나지 않아 국왕은 그를 궁으로 불러들여 칭찬을 아끼지 않았다. 그날 이후 그의 인생이 달라졌다. 그에 대한 기사가 각종 매체에 실리며 순식간에 유명인사가 되었다. 그 후 그는 스웨덴 상류사회에 진출하고, 스웨덴 건축계의 거물급으로 거듭났다.

누구나 다양한 생각을 가슴에 품고 산다. 다만, 지혜로운 사람만이 자신의 생각을 실천해 성공의 무대에 뛰어오른다. 아무리 아이디어가 뛰어나도 입만 나불거리고 실행에 옮기지 않으면 아무 의미를 갖지 못한다. 위대한 사람은 생각을 행동으로 옮겼기 때문에 위대하다. 미약한 사람은 행동하지 않고 공허한 말에 그쳤기 때문에 미약하다.

꿈을 믿어라

소설가 윌리엄 서머셋 모옴William Somerset Maugham은 인생 초반부터 작가로 명성을 얻지는 못했다. 그는 소설가의 꿈을 품고 있었지만 그 바람은 쉽게 이루어지지 않았다. 여기저기에 자신이 쓴 글을 보냈지만 아무 데서도 연락이 오지 않았다. 하지만 그는 포기하지 않고 계속 글을 썼다.

그가 첫 성공을 거둔 작품은 희곡 《프레드릭 부인》이다. 런던의 한 극장 대표는 공연 준비를 하던 작품이 펑크가 나자 급하게 대체할 작품을 찾던 중 우연히 《프레드릭 부인》을 발견하고 이를 무대에 올리게 되었다. 그 작품을 좋게 평가한 게 아니라 별다른 수가 없어 공연을 결정한 것이었는데 놀랍게도 《프레드릭 부인》은 엄청난 성공을 거두었다.

그러자 여기저기에서 갑자기 서머셋 모옴을 찾기 시작했다. 출판계는 앞다퉈 그의 글을 책으로 엮고 싶어 했다. 그리고 단 한 달 만에, 서머셋 모옴은 돈과 명예를 움켜쥐게 되었다.

꿈은 어느 날 갑자기 이루어진다. 꿈을 실현할 기회가 급작스럽게 찾아오는 탓이다. 때를 포착해 성공을 이루기 위해서는 평상시 노력을 아끼지 말아야 한다.

꿈이 이루어지기 전까지는 다양한 선택에 직면하게 된다. 그중 가장 신중해야 할 갈림길은 '막막한 현실을 원망하며 그만 꿈을 포기하느냐 아니면 지금껏 들인 노력과 시간을 헛되지 않게 하기 위해 계속 노력하느냐'일 것이다.

어떤 선택을 하든 본인이 지고 가야 할 무게이지만 만약 자신의 생각이 분명 옳고, 그것을 이루고 싶은 꿈이 있다면 포기하지 말고 고집스럽게 밀고 나가야 한다. 힘없이 주저앉은 몸을 추슬러 한발 더 나아가면 당신이 품고 있는 희망의 빛이 등불이 되어 앞으로 가야 할 길을 비춰줄 것이다. 꿈을 믿어라.

때를 기다려라! 조급함을 버리고 인내를 가져라

현재에 만족하지 못하고 불안해하지 마라. 역전의 기회는 수시로 찾아온다. 다만, 일에는 항시 때가 있어 아무리 뛰어난 아이디어라도 성급히 움직이다가는 도리어 위기를 맞는다.

중국 고대의 유명한 전략가 여상呂尙은 뛰어난 수재였지만 뜻을 펼칠 기회가 없어 인생의 반을 허송세월했다. 그가 처음으로 받든 주군은 상商나라의 주왕紂王이었다. 주왕은 향락을 좋아하고 여색을 밝히는 폭군이라 직언을 올리는 대신을 가차 없이 죽였다. 이를 곁에서 지켜본 여상은 별수 없이 가슴에 품은 뜻을 감춘 채 인내를 가지고 때를 기다렸다.

여상이 판단하기에, 상나라의 국운은 이미 쇠했고 주왕은 어쩌지 못할 정도로 난폭했기에 아무 희망이 보이지 않았다. 이런 상황을 타개하기 위해 그는 자신의 목숨을 희생하기보다는 새로운 주군을 찾는 편을 택했다.

그는 우선 주왕을 제거할 방법을 찾았다. 당시 서백西伯 희창姬昌이 주나라를 다시 일으키기 위해 주왕을 없앨 계획을 세우고 있었기에, 여상은 희창을 이용하기로 마음먹었다.

여상은 웨이수이 강가渭水에 은거하며 조용히 때를 기다렸다. 그리고 어느 날, 희창이 근처로 사냥을 나온다는 소식을 듣자마자 낚싯대를 들고 밖으로 나갔다. 미끼도 꿰지 않고, 곧은 낚싯바늘을 수면 위에 드리우고 가만히 앉아 있으니 마침 지나가던 희창이 그 모습을 기이하게 여기고 여상에게 다가와 물었다.

"귀공께서는 어찌 미끼도 없이 낚시를 하고 있소?"

"낚시를 하려는 것이 아닙니다. 때를 기다릴 뿐이지요. 주왕의 극악무도한 만행이 나날이 심해지니 이때 희창 같은 이가 나타난다면 나는 기꺼이 그가 주는 미끼를 물겠습니다."

희창은 여상이 보통 인물이 아님을 즉각 알아보고 얼른 예의를 갖추었다.

"현자이십니다. 노공의 존함이 어찌 되는지요?"

"현자라니요, 아닙니다. 저는 여상이라 하옵니다. 공은 뉘신지요?"

"좀 전에 노공께서 말한 희창입니다."

여상은 깜짝 놀라는 척하며 황급히 사과했다.

"소인이 무례했습니다. 경거망동을 용서해 주시지요."

"아닙니다. 주왕의 무도함은 누구나 알고 있는 사실이지요. 노공, 나와 함께 상나라를 멸하고 나라를 구합시다!"

여상은 예의를 갖춰 희창의 제안을 받아들이고 함께 도성으로 돌아왔다. 여상은 희창에게 자신이 품고 있던 천하의 대세에 대한 견해를 거침없이 술술 풀어냈고, 희창은 이제야 여상을 만난 것을 안타까워하며 그를 극진히 대접했다.

　희창은 주나라의 문왕文王이고 여상은 바로 그 유명한 강태공이다. 원래는 태공망太公望으로, 문왕의 아들인 무왕이 아버지 태공太公이 바라던望 인재라는 뜻으로 지어준 이름이라고 전해진다.

전력
일이란 투쟁이다
_1945년 11월 17일 '충칭 평화담판에 관해'에서

1917년 4월 1일, 마오쩌둥은 '이십팔화생二十八畵生'이라는 필명으로 7천 자에 달하는 〈체육에 관한 연구〉를 〈신청년新靑年〉에 기고했다. 이 논문은 그가 공개적으로 발표한 최초의 글이다.

제목과는 달리 체육에 관한 연구 논문은 아니다. 투지와 열정으로 용감하게 세상과 맞서 살자는 인생관이 담겨 있다. 이 시기, 마오쩌둥은 일기에 이런 글을 적었다.

"하늘과 분투하는 기쁨은 말할 수 없이 크다. 땅과 분투하는 기쁨은 말할 수 없이 크다. 사람과 분투하는 기쁨도 말할 수 없이 크다."

냉정함을 유지하라

　냉정을 잃고 화를 내며 싸우라는 것이 아니다. 도전 정신을 가지고 당당히 자신 있게 맞서라는 것이다. 일을 하는 데 냉정함을 잃지 말아야 한다. 냉정함을 잃는 순간 인품의 바닥이 드러난다.

　"하늘의 바람과 구름을 예측할 수 없고, 사람의 복과 화를 예측할 수 없다."라는 옛말처럼 살아가다 보면 예상치 못한 일에 부딪치기 마련이다. 돌발 상황에 냉정하게 대처하지 못하면 상황은 더욱 악화되어 피해를 입게 된다.

　허웨이何偉는 대학 졸업과 동시에 모 세일즈 회사에 3개월 인턴사원으로 취직했다. 그는 최선을 다해 일했지만 끝내 직원으로 채용되지 않았다. 능력을 인정받지 못했다는 자괴감에 냉정함을 잃은 그는 회사에 사표를 냈다. 직속 상사가 다시 한번 생각해 보라고 만류했지만 그는 오히려 분노와 원망의 말을 잔뜩 늘어놓았다. 이야기를 듣고 있던 직속 상사가 말했다.

　"사실 자네를 조만간 직원으로 채용할 예정이었네. 세일즈 파트의 부주임으로 임명할 생각이었는데 자네 뜻이 정 그렇다면 붙잡을 생각은 없네. 그만 나가게."

　매사에 성숙한 자세로 대응해야 한다. 냉정함이 무너지면 자제력을 잃고 경솔한 행동을 할 가능성이 크다. 순간의 실수로 눈앞에서 성공을 놓치고 실패를 면하기 어렵다. 냉정함은 이성적으로 사고하고, 대범하게 행동하도록 유도한다. 냉정함을 유지하면 자신의 장점을 발휘해 일의 효율을 높일 수 있다.

나아갈 방향을 다시 바로 세워라

직업을 찾을 때 의외로 많은 사람이 자신이 무엇을 해야 할지 모르는 경우가 많다. 심지어 자신이 싫어하는 또는 자신에게 맞지 않는 일만 하는 경우도 있다. 이 모두가 잘못된 선택 때문이다. 성공적인 인생을 살고 싶어 하는 사람은 이 말을 믿어야 한다.

"매일 수많은 일을 할 수 있다. 단, 절대로 변하지 않아야 할 원칙은 반드시 자신이 좋아하는 일을 해야 한다는 것이다."

학문이 깊고 전문가가 된 사람 중에는 자기가 하고 있는 일이 사실은 별로 좋아하지 않는 일이라는 것을 발견하고 바꾸고 싶어 하지만 결심을 하지 못하는 경우가 있다. 이미 오랜 시간과 노력을 들여 얻고 배운 지식과 쌓아온 경험과 경력이 있는데 만약 일을 바꾼다면 그 모든 것이 수포로 돌아갈까 아깝고 두렵기 때문이다. 그래서 설령 좋아하지 않더라도 쌓아온 모든 것을 포기하지 못한다.

이런 모순을 느끼면 계속 그 일을 하게 되더라도 재미와 흥미를 느끼기 어렵게 되므로 과감한 결단을 내려야 한다.

좋아하는 일은 사람을 흥분과 열정으로 몰아가고, 모르고 있던 상상력과 창조력을 끄집어내 성공의 길로 한걸음 나아가게 한다.

현재 처한 상황을 바꾸고 싶고, 더욱 자신감을 갖고 싶다면, 일의 효율을 높이고 싶다면 반드시 더 좋은 결정을 하고 행동에 옮겨야 한다.

자신이 좋아하지 않는 일을 하는 것은 정말이지 쉽지 않다. 대다수의 사람은 내키지 않는 일을 하면서도 그 일을 잘해내려고 자신을 압박한다.

그들은 일을 하면서 자주 원동력을 잃고, 병목현상에 맞닥트리면서 그것을 돌파할 방법을 모른다. 주변 사람들에게 끊임없이 조언을 구하면서도 여전히 기존의 생활 방식을 따르니 일에 진전이 없고 제자리걸음만 하게 된다. 물론 이는 그들이 바라는 상황은 아니겠지만 여러 가지 이유로 아주 극소수만이 자신의 상황을 바꾸려 시도한다. 사실 자신이 정말 좋아하는 일을 찾는 것은 자신의 이상과 바라는 일의 조건을 나열해 보는 것만으로도 일목요연하게 정리된다.

독일 하노버대학교의 운동심리학 교수인 필즈Fields는 자신이 진정 좋아하는 일을 찾기까지의 과정을 이렇게 말한다.

"운동과 과학은 내가 언제나 좋아하는 두 가지다. 어려서부터 어른이 되고 나서도 운동과 나는 결코 떨어질 수 없는 사이다. 농구부, 테니스부의 주장을 맡았고 경보 클럽에서는 가장 뛰어난 선수였다. 그래서 나는 흥미 있는 일을 직업으로 삼으면 어떨까 하는 생각도 했고, 프로 농구 선수가 되고 싶기도 했다. 그러면서 끊임없이 내 자신에게 물었다. 이것이 정말 내가 원하는 일인가? 운동을 평생의 직업으로 삼고 싶은가? 나는 운동을 너무나 사랑하지만 체력이 주가 되는 삶은 바라지 않았다. 고등학교와 대학교 때 수학 성적이 언제나 최상위여서 한때 수학자가 될 생각도 했다. 그러나 그 역시 내가 원하는 조건의 일은 아니었다. 나는 다시 평생 직업으로 가질 수 있는 일을 찾아다녔다."

필즈는 17세 때 우연히 자동차 세일즈 일을 접하게 되었다. 평소 자동차에 관심이 많았고, 세일즈 성적도 매우 뛰어나 본격적으로 뛰어들게 되었다. 그러다 그는 해당 업계가 갖는 큰 특성이 자신과 맞지 않다는 것을 발견하고 다시 방향을 돌렸다.

16세부터 21세까지 필즈는 18개의 직업을 전전했다. 그는 매번 직업을 바꿀 때마다 단 한 번도 진지하게 고민하지 않았다.

'내가 원하는 게 뭘까?'

필즈는 자신의 이상과 완벽하게 맞는 일의 조건을 하나하나 나열해 보았다. 그는 자신이 어려서부터 지금까지 다른 사람을 돕는 일을 좋아하고 그 일에 열정을 다했다는 것을 생각해냈다. 수학 성적이 좋지 않은 친구에게 시간을 쪼개 공부를 가르쳐 주었고, 농구를 못하는 친구에게 원하면 언제든 농구를 가르쳐 주었다. 자기가 할 수 있다면 다른 사람도 할 수 있다는 게 그의 믿음이었다.

그러던 어느 날, 그는 우연한 기회에 잠재력을 일깨우는 심리 수업에 참가하게 되었고 거기에서 큰 깨달음을 얻었다. 그동안 그는 수많은 수업을 듣고 다양한 정보와 지식을 습득했지만 그 어떤 강의도 겨우 8시간에 불과한 앤서니 라빈스Anthony Robbins• 의 수업에 미치지 못했다. 그때 필즈는 생각했다.

'만약 이후에 내가 하는 모든 일이 다른 사람에게 진짜 도움

• 1997년 국제 상공회의소가 뽑은 세계에서 가장 뛰어난 인물 10인에 선정되었다. 작가이자 세계적인 동기부여가다. 미군 장성, 정상급 연예인과 미국 전·현직 대통령의 강력한 조언자이자 상담가로 유명하다. 그는 앤서니 라빈스 재단을 설립해 비행소년, 노숙자, 죄수 등 절망에 빠진 사람이 잠재 능력과 긍정적인 가치관을 형성해 사회에 공헌할 수 있도록 지원하고 있다 – 역주

을 주는 정보라면 어떤 통로라도 상관없이 그저 그것을 얻고자 하는 사람과 나눌 수 있다면 얼마나 좋을까?'

필즈는 그런 일이 자신이 하고자 하는 이상과 조건에 완벽하게 부합되며, 바로 자신이 반드시 가야 할 방향이라는 것을 깨달았다.

그는 또 앤서니 라빈스가 한 말을 떠올렸다.

"세상의 모든 일이 다 훌륭합니다. 그러나 그 어떤 일도 자신이 지금 하고 있는 일보다 더 큰 의의를 지니지는 못합니다. 그것은 다른 사람을 돕는 일이며 동시에 자신을 돕는 일이기 때문입니다."

이 한마디로, 필즈는 의미 있는 일을 하는 데 평생을 바치기로 결심했다. 그 후 7~8년의 노력 끝에 그는 주변의 수많은 사람과 학생들에게 구체적인 도움을 줄 수 있게 되었다. 필즈를 통해 마음을 새롭게 재정비하거나 자신감을 키우거나 혹은 업무에서 돌파구를 찾거나 사고의 맹점을 찾은 모두가 분명한 변화를 겪었다.

과거에 필즈는 돈을 가장 중요한 목표로 생각했지만 이제는 돈이 전부가 아니며 절대적일 수 없음을 알게 되었다. 물론 돈도 중요하지만 필즈는 현재 어떻게 하면 자신을 한 단계 높이고 일의 질을 높여 보다 가치 있는 서비스를 제공할 수 있을지 끊임없이 연구하면서, 성공하고 싶어 하는 많은 사람을 돕는 데 자신의 모든 열정을 쏟고 있다.

필즈는 자아 성장이 멈춘 사람, 자신이 더 이상 배울 것이 없다고 생각하는 사람을 만날 때마다 슬픔을 느낀다고 한다.

세계에서 성공한 부류에 속하는 사람들도 겸손하며, 자신이 좋아하는 일을 찾기 위해 노력한다. 또 세계에서 최고 위치에 오른 이들도 발전을 위해 끊임없이 배우고 노력한다. 세계 정상급 인사들에게는 분명 그들만의 성공법과 깨달음이 있다. 우리가 해야 할 일은 그들의 비범한 경험과 방법을 계속 배워 얻는 것이다.

바꾸고 싶어 하면서 지금 가지고 있는 것을 포기하지 못한다면 결국 돌파와 혁신은 없다.

자신의 가치관을 정확히 알아야 올바른 방향을 찾는다

살다 보면 자신의 일을 선택할 때 어느 쪽으로 정할지 결정을 내리지 못하고 우왕좌왕하는 사람을 보게 된다. 이런 사람은 아무리 대단한 재능이 있어도 결국 무엇도 이루지 못한다.

사냥을 나가면 항상 빈손으로 돌아오는 사람이 언제나 풍성한 전리품을 안고 돌아오는 다른 사냥꾼에게 비법을 물었다.

"아주 간단하다네. 두 마리 토끼를 발견하면 동시에 두 마리를 쫓지 말고 그중 한 마리를 선택해서 쫓으면 된다네."

비법이라고 하기에는 다소 평범하지만 이 말이 바로 진리다. 그 누구도 동시에 두 방향으로 갈 수 없다. 북극의 에스키모 옷을 입었다면 적도에서 입을 법한 얇은 옷은 입을 수 없는 것과 마찬가지로 순결하면서 동시에 더러울 수 없고, 고귀하면서 천박할 수 없다. 수평선에서 좌우로 움직이면서 동시에 아래위로 움직일 수 없고, 세속의 것을 원하면서 동시에 신성한 생활을 추구할 수 없는 것과 같은 이치다.

물론 때로는 자신이 동시에 두 명의 주인을 섬길 수 있다고 믿기도 한다. 즉 삶을 반으로 나눠 한쪽은 환상에 나머지 한쪽은 현실에 두는 것이다. 그러나 이런 삶은 모순을 불러일으켜 결국 인생의 목표가 표류하게 된다.

올바른 가치관을 형성하면 자신이 무엇을 해야 할지 분명하게 깨닫게 된다. 사냥감을 찾아 동으로 갔다 서로 갔다 하지는 않기 때문이다.

다른 사람의 가치관을 아는 것 역시 매우 중요하다. 특히 자신과 밀접한 관계에 있는 사람이나 비즈니스 관계에 있는 사람일 경우에는 더욱 그렇다. 그 사람의 가치관을 알면 그가 어떤 생각을 가지고 어느 방향으로 결정을 내릴지 예측할 수 있다.

 더욱 중요한 것은 이런 가치관을 인생에 제대로 실현하는 일이다. 자신이 원하는 것을 하나하나 정리하고, 매일의 행동이 가치관에 부합하도록 만드는 것이 무엇보다 중요하다. 그렇게 하지 못하면 당신이 원하는 인생을 살지 못하는 것은 물론 공허하고 불행한 삶을 살게 될 것이다.

 필즈의 스승이며 수많은 사람에게 용기와 힘을 주는 상담가, 변화심리학자의 최고 권위자인 앤서니 라빈스에게는 세릴이라는 딸이 있다. 아버지를 비롯한 주변의 좋은 환경으로 인해 세릴은 언제나 자신의 가치관에 따라 모든 것을 선택했고 즐겁게 생활했다.

 예술적 재능이 뛰어났던 세릴은 16세 되던 해 디즈니랜드 공연단의 오디션에 참가했다. 이 시험에 통과한다면 좋아하는 음악을 하는 동시에 무언가 이루었다는 뿌듯한 성취감을 맛볼 수 있을 것 같았다.

 세릴은 700 대 1의 경쟁률을 뚫고 오디션에 합격해 디즈니랜드와 공연 계약을 하게 되었다. 세릴은 뛸 듯이 기뻤고 아버지를 비롯한 가족, 친구들 모두 함께 기뻐하며 꼭 공연을 보러 가겠다고 약속했다. 하지만 그 일은 세릴의 기대만큼 행복하지 않았다.

디즈니랜드의 공연 일정이 매우 **빡빡해** 주말은 물론 매일 밤 늦게까지 공연을 해야 했다. 게다가 세릴의 학교는 여름 방학이 없어서 그녀는 매일 수업을 마치고 샌디에이고에서 디즈니랜드까지 3시간씩 차를 타고 가서 몇 시간의 공연을 마치고 다시 2시간이 넘게 차를 타고 집에 돌아왔다.

처음 며칠은 늦게까지 공연을 하고 와도 학교에 늦지 않게 갈 수 있었지만 하루하루 지날수록 수면 부족으로 제시간에 일어나기가 힘이 들었다. 장기간 누적된 피로가 극에 달하면서 세릴은 점차 공연에 대한 열정이 식었다.

앤서니 라빈스는 딸이 공연을 시작한 뒤로 점차 표정이 어두워지고 심리 상태가 불안정해지는 것을 발견했다. 어떤 날은 실수로 모자를 떨어뜨리고 울음을 터트리기도 했고, 별것 아닌 일에 신경질을 부리는 일이 잦았다. 이전에 누구에게나 친절하고 사랑스러웠던 모습은 찾아보기 어려웠다.

그리고 세릴이 공연을 더 이상 할 수 없게 만든 일이 일어났다. 그해 여름, 온 가족이 3주간 하와이로 휴가를 가게 되었는데 세릴만 공연 일정 때문에 빠지게 되자 그녀는 마침내 폭발하고 말았다. 세릴은 잔뜩 일그러진 얼굴로 아버지를 찾아와 공연을 그만두고 싶다고 이야기하며 울음을 터트렸다. 누구도 상상하지 못한 일이었다.

6개월 전만 해도 세릴은 공연을 하게 된 것을 무척 자랑스러워하고 기뻐했는데 이제 그 일이 그녀에게 악몽이 되어버린 것이다. 이렇게까지 틀어진 원인은 우선, 한곳에 시간을 너무 많이 쏟은 것이다. 그동안 가족이나 친구와 이야기를 하거나 만날 시간조차 갖지 못하고 공연에만 매달려야 했다.

또, 이전에 세릴은 종종 아버지의 일을 도우면서 자신 역시 많이 배우고 성장할 수 있었지만 디즈니랜드 공연을 시작하면서부터는 그런 기회가 전혀 주어지지 않았다.

매년 미국 전역은 물론 세계 각지에서 앤서니 라빈스의 강연을 듣기 위해 1만 명에 달하는 사람이 모여든다. 이들과의 만남에서 세릴은 시야를 넓히고 많은 것을 배우고 성장할 수 있었지만 공연을 하면서는 그러한 경험을 전혀 가지지 못했다.

디즈니랜드에서의 공연은 그녀의 오랜 꿈이었다. 어린 그녀에게 그것을 얻는 것은 무언가 큰 성취감을 가져다주는 일이었기 때문이다. 그러나 그 일을 하게 되면서 아버지의 강연회에 참석할 수 없게 되자 더 큰 무언가를 잃는 느낌이 들었다. 이런 모순에 빠진 세릴은 스스로 어찌해야 좋을지 방향감각마저 잃고 말았다.

앤서니 라빈스는 딸을 돕기 위해 마주앉아 우선 아이의 마음을 진정시켰다. 그리고 딸에게 가장 중요한 가치관 4가지를 종이에 적게 했다. 세릴이 적은 것은 '가족, 건강, 성장, 성취감'이었다.

딸의 가치관을 이해한 후 앤서니 라빈스는 딸을 어떻게 도울지 적절한 방법을 찾기 위해 질문을 던졌다.

"디즈니랜드에서 일하는 것이 네게 무엇을 가져다주니? 이 일이 너에게 얼마나 중요하니?"

"처음에는 그 일을 할 수 있어서 너무 기뻤어요. 친구도 사귈 수 있고 재밌게 일하면서 다른 사람들의 박수와 환호도 받고 성취감을 느낄 수 있었어요. 그런데 6개월이 지나자 성취감도 점차 사라지고 성장의 기회도 없는 거 같고, 좀 더 성취감을 얻을 수 있는 다른 일을 하고 싶어요. 몸도 마음도 힘들어요. 건강도 안 좋아지고 가족, 친구들과 함께 하는 시간도 없고……."

"네가 그렇게 생각한다면 우리 한번 바꿔 생각해 보면서 네게 어떤 도움이 되는지 보자꾸나. 예를 들어 디즈니랜드 일을 그만두면 가족과 좀 더 많은 시간을 보낼 수 있겠지? 그리고 이번에 하와이로 휴가도 같이 갈 수 있지, 네 의견은 어떠니?"

아버지의 말이 끝나자 세릴의 얼굴이 금세 밝아지더니 활짝 웃으며 말했다.

"좋아요! 아빠의 의견에 동의해요. 그렇게 하면 가족, 친구들과 함께 할 수 있을 테고 옛날로 돌아갈 거예요. 우선 휴식을 취한 다음 다시 운동을 시작해 예전의 몸 상태로 만들 거예요. 학교에서도 내가 성장하고 성취감을 얻을 수 있는 기회를 찾고 싶어요. 우선 성적은 전체 과목에서 A를 받는 것을 첫 번째 목표로 할 거예요. 무거운 갑옷을 벗어던지니 정말 행복해요!"

이 대화는 세릴이 앞으로 무엇을 어떻게 할지 설명하고 있다. 6개월 동안 고통의 시간이 이런 결과를 만든 것이다. 디즈니랜드에 들어가기 전에 그녀의 가치관 중에서 가장 중요한 세 가지는 가족, 건강, 성장이었다. 당시에는 이 세 가지를 모두 누리고 있었기에 그것을 무시하고 4번째 가치관인 성취감을 찾았다. 그 결과 가장 중요한 가치였던 가족, 건강, 성장을 놓치고 말았던 것이다.

인생에서 어떤 목표를 추구할지 선택할 때 우선 자신을 제대로 파악해야 한다. 그렇게 하지 않으면 두 마리 토끼를 잡다가 두 마리 전부 놓치는 우를 범하게 된다.

실패하는 유일한 이유는 당신이 어떤 것을 간절히 바라면서도 실질적인 행동으로 옮기지 않기 때문이다. 꿈, 몽상이 있다면 적극적으로 행동해 그것을 찾고 잡고 얻고 심지어 창조해야 한다. 그리고 그것은 지금부터 시작하는 완전한 계획이 필요하다.

꿈을 믿고 행동으로 나아가라

방향을 명확히 하고, 목표를 확정했으면 그다음 할 일은 실질적인 행동으로 자신의 이상을 추구하는 것이다.

듣기에는 아주 간단해 보이지만 많은 사람이 바로 이 부분을 해내지 못한다. 어느 상황에서나 굴하지 않기란 결코 쉽지 않다. 물론 약해졌을 때는 굳이 억지로 강한 척할 필요는 없다. 때로 자신의 꿈이 너무 멀리 있다고 느껴지거나 절대로 이룰 수 없는 환상 같기도 할 것이다. 그런 생각을 하는 이유는 당장 그 꿈을 이루려고 하기 때문이다.

꿈을 향한 길은 박자를 좀 늦춰 천천히 가는 것이 좋다. 사실 성공한 사람은 보통 사람보다 겨우 한 걸음 먼저 나갔을 뿐인데 그것이 쌓이고 쌓이면서 그들의 발자국 뒤로 보통 사람을 넘어서는 경험과 성적이 따라오게 되는 것이다.

미국을 대표하는 텔레비전 시리즈 〈스타 트렉Star Trek〉의 창시자이자 극본을 쓴 진 로든버리Gene Roddenberry는 오랫동안 우주공상과학 영화 제작을 꿈꾸었다. 그러나 당시 그 생각은 너무 파격

적이라 방송국에서는 미친 생각이라며 받아들이지 않았다.

이런 상황에서도 그는 자신의 꿈을 포기하지 않았다. 뛰어난 작품성과 상상력을 갖춘 작품이라면 분명 시청자의 사랑을 받을 것이라 믿었기 때문이다. 그리고 1962년, 마침내 스타 트렉 첫 시리즈가 방송되었고 그 후 40년이 흘러 이 시리즈는 미국 문화를 대표하게 되었다. 극중에 나온 수많은 대사는 미국 국민의 일상용어로 자리 잡았다.

영화 《레이Ray》의 실제 주인공인 미국 가수 레이 찰스Ray Charles 역시 어떤 상황에도 굴하지 않는 강한 의지의 소유자다. 그는 어린 시절 녹내장으로 두 눈을 실명하고 15세에는 부모를 잃어 고아가 되었다.

그러나 선천적 결함과 후천적 불행도 그가 꿈을 포기하게 만들지 못했다. 가수로서 피아니스트로서 3인 연주단을 결성하면서 그렇게 그는 음악가의 길을 걸었고 몇 년간의 노력을 통해 결국 큰 성공을 거두었다. 그는 블루스와 재즈를 완벽하게 결합해 누구나 감동하는 아름다운 선율로 전 세계인을 매료시켰다.

모방의 천재로 불리는 타이완의 코미디언 궈쯔간郭子乾은 해양전문대학을 졸업하자마자 바로 연예계에 들어와 십수 년간 활동했다. 그는 자신이 말재주와 감각적인 사고 등 코미디언으로서의 자질이 있다고 믿었다. 수십 년간 무명 생활을 하며 감독에게 심한 모욕을 겪었지만 그는 한 번도 자신의 꿈을 의심하지 않았다. 그리고 마침내 그는 수많은 인물을 흉내 내면서 자신만의 독창적인 분야를 개척해 그 누구도 대신할 수 없는 코미디계의 스타가 되었다.

믿음은 꿈을 실현하는 기초다. 그것을 움켜쥐고 있어야 성공에 다다를 수 있다.

온몸과 마음을 다해 열정을 품어라

몰입은 모든 감각을 어떤 특정한 바람에 집중하는 것이다. 그 바람을 실현할 방법을 찾을 때까지 집중하고, 방법을 찾았으면 바로 행동으로 옮겨라.

사람의 정력은 한계가 있기 때문에 여러 가지 일에 분산하는 것은 좋은 방법이 아니다. 한 가지 일에 몰입해야 확실한 소득이 있고 동시에 곤경을 돌파할 수 있다. 또한, 한 번에 너무 많은 일을 생각하다 결국 한 가지 일도 제대로 하지 못하는 것을 피할 수 있다.

데일 카네기Dale Carnegie는 다양한 업종에서 걸출한 성과를 이루어낸 남녀 100명을 비즈니스 철학의 관점에서 분석한 후 다음의 사실을 발견했다.

"그들은 모두 한 가지 일에 전심전력을 다해 몰입했고 명확한 목표, 일을 딱 잘라서 결정하는 특성이 있다."

어떤 일을 할 때 명확한 목표가 있다면 신속한 결정을 내리는 습관이 몸에 배도록 도움을 줄 뿐 아니라, 성공할 때까지 모든 주의력을 한 가지 일에 집중할 수 있게 만든다.

큰일을 이룬 사람은 모두 신속하며 과감한 결정을 내린 이들이다. 그들은 먼저 명확한 목표를 정하고 거기에 모든 정력을 집중해 그 목표를 이루기까지 전심전력을 다해 노력한다.

자신감과 욕망은 무엇인가에 몰입하고 집중하게 만드는 중요한 요인이다. 이 같은 마음이 없다면 몰입의 신비한 힘도 쓸데가 없어진다. 왜 소수의 사람만 이런 신비함 힘을 가지게 되는 것일까. 그 중요한 요인은 자신감이 부족하고 특별히 되고 싶은 욕망의 대상이 없기 때문이다.

만약 당신이 작가나 연설가, 기업가 또는 금융가가 되고 싶다고 치자. 그렇다면 매일 자기 전이나 일어나서 적어도 10분은 모든 생각을 미래에 바라는 그것에 집중해야 한다. 그러한 과정을 거쳐 꿈을 이루기 위해 어떻게 행동해야 하는지 정하면 그 바람은 현실이 될 것이다.

1년, 3년, 5년, 10년 후 자신의 모습을 상상해야 한다. 멋진 집, 잔고가 넉넉한 통장, 은퇴 후의 생활, 사회에서 영향력을 갖춘 모습, 실직의 두려움이 없는 직장 등을 상상하면 분명 커다란 욕망이 생길 것이다. 이런 욕망에 노력이 더해진다면 꿈이 이루어진다.

한 번에 한 가지 일에만 몰입해 전심전력을 다하고 그것이 이루어지길 적극적으로 희망하면 절대 피로감을 느끼지 않을 것이다. 생각을 다른 일에, 다른 요구에 또는 다른 방법으로 돌리지 말아야 한다. 이미 결정한 일에 몰입하고 나머지 일은 포기해라.

자신이 해야 할 일을 서랍이라고 생각해라. 필요한 서랍을 한 번 열고 서랍 속의 물건을 정리했다면 바로 닫아라. 모든 서랍을 열었다 닫았다 하지 말고, 지금 연 그 서랍만 정리하고 그 서랍을 닫은 뒤에는 다시 그 서랍 속 물건에 대해 생각하지 말아야 한다.

매번 일을 할 때마다 그 일에서 자신이 감당해야 할 책임을 알고, 동시에 자신이 견딜 수 있는 한계도 알아야 한다. 만약 스스로를 극도로 피로한 상태로 몰아간다면 효율성이 떨어지고 건강과 즐거움도 잃고 만다.

먼저 가장 중요한 일부터 선택하고, 나머지 일은 일단 옆에 두어야 한다. 적게 하고 잘해낼 때 그 일에서 더욱 많은 즐거움을 누릴 수 있다.

성공은 스스로를 믿음으로써 결코 포기하지 않고 추구하는 사람의 것이다. 영원히 온몸과 마음을 다해 뜨거운 열정을 품어라.

3장

친구
사랑
겸손
중용
사고
이상

친구

분열하지 말고 단결하라!
음모와 계략을 피우지 말고 정정당당하라!

_1971년, 중국 남방 순시 기간 중 각 지역 책임자와의 대화에서

1917년 24세의 마오쩌둥 주위에는 중국의 진보를 위해 일하고 싶어 하는 청년들이 속속 모여들었다. 대부분 마오쩌둥과 후난성 사범학교 동창이었고 그 외에 장군長郡 중학교에 다니던 뤄장룽羅章龍처럼 마오가 쓴 〈미우개사徵友啓事〉를 보고 찾아온 창사 지역의 중등학교 학생도 있었다.

이들은 대부분 농촌 출신이라 보통 사람들의 고초를 잘 알고 있었다. 부잣집 도련님에 대한 낭만적 기대를 품기보다, 세상을 위해 무언가 해야겠다는 사회적 책임감과 현실을 바꾸겠다는 기개가 충만했다. 주로 창사의 유명한 경승지에 모여 현실과 정세 및 사람과 생활에 대해 토론하고, 산을 오르며 호연지기를 기르고, 개인의 고민은 뒤로하고 중국의 미래를 걱정했다.

1918년 마오쩌둥은 처음 베이징에 도착해 양창지楊昌濟 선생 집에 머물렀다. 그때 다른 친구들은 근처 후난성 회관에 묵었는데 거의 매일 만나야 하는 판

게로 서로 오가는 시간이 아까워 그들은 근처에 좁디좁은 쪽방을 마련했다. 마오쩌둥과 뤄장룽, 차이허썬蔡和森, 수쯔성 등 8명의 친구는 서로 몸을 바짝 붙이고 옆으로 돌려 누워 큰 이불 한 장을 같이 덮고 잤다. 후에 마오쩌둥은 이때의 일을 다음과 같이 회고했다.

"높은 구들에 옆으로 나란히 누워 큰 이불 한 장을 덮고 자는 사이로, 생활은 가난하고 힘들었지만 그 시기에 8명의 친구는 깊은 우정을 쌓았다."

개인적인 이익을 목적으로 사람을 대해서는 안 된다. 친구는 소리 없는 동반자이며 또 다른 자신이기도 하다. 친구는 나의 성공을 돕고, 한 단계 발전할 때마다 곁에서 격려와 환호를 보낸다. 이 세상에서 우정보다 아름답고 숭고한 것이 있을까.

미국의 제26대 대통령 시어도어 루스벨트Theodore Roosevelt는 비범한 인물임에 틀림없지만 친구들, 특히 하버드대학교 시절 사귄 친구들의 적극적인 도움이 없었다면 과연 미국의 대통령이 될 수 있었을지 누구도 장담할 수 없다.

그가 뉴욕 시장 후보였을 때, 대통령 경선에 나섰을 때 친구들은 어떠한 어려움도 마다하지 않고 미국 전역을 누비며 도움을 주었다. 이 같은 아낌없는 지원을 받아 마지막 대통령 선거 때는 서부와 남부에서 1만 표 이상을 획득할 수 있었다. 이 세상에서 친구를 돕는 것보다 성스러운 일이 있을까.

때로 친구의 위로는 인생을 바꾸는 힘이 있다. 나를 진정으로 이해하고 있는 친구의 한마디 격려에 절망에서 일어나고, 서로 응원하며 성공을 향해 나아간다. 어떤 이는 삶을 포기하려는 순간 자신을 사랑하고 믿어주는 친구를 떠올리고 마음을 바꿔 새로운 인생을 살아간다. 가슴 깊은 곳에 있는 감정을 건드리는 친구의 진심 어린 말에 자신의 잘못을 자각하고 인생의 중요한 전환기를 맞기도 한다.

인생이라는 기나긴 여로에서 책망과 냉소를 감수하고 끝까지 승리에 대한 열망을 버리지 않도록 붙잡는 힘은 나를 신뢰하고 사랑해주는 친구로부터 나온다. 친구는 다른 사람이 보지 못하는 나의 장점을 찾아주고 응원한다. 만약 친구가 없다면 작은 시련에도 쉽게 포기하고 무너질지 모른다.

모두가 나를 오해하고 폄하하더라도 친구가 진심으로 믿어준다면 고난을 이겨내고 다시 전력으로 질주할 수 있는 힘을 얻는다. 친구란 내가 어둠 속에서 헤매일 때 앞길을 비춰주는 등불 같은 존재다. 비바람이 몰아치는 망망대해에 떠 있는 쪽배와 같은 나를 안전한 곳으로 이끄는 고마운 존재다.

인생이라는 긴 여행에서 우정 어린 동반자를 선택한다면 발걸음이 가볍고 견실해질 것이다. 그러나 진실한 우정을 얻지 못하면 그 삶은 고독하고 가여울 것이다.

인생의 긴 길을 걷다 보면 때로 외로움과 적막함을 피할 수 없다. 그때마다 주변에서 위로해 주는 가족이 있지만, 깊은 우정 역시 필요하다.

주변에는 친구들의 우정과 사랑 없이 고독하게 사는 사람들이 있다. 그 쓸쓸함은 "도시 전체가 황무지 같다."라는 라틴어 격언과 같을 것이다. 우정은 인생에 있어 매우 중요하며, 우정이 없는 사회는 삭막한 사막에 다름없다.

어려움을 만나 좌절을 겪을 때 진심을 알아주는 친구에게 자신의 고초와 기쁨, 공포와 희망, 의문과 확신을 털어놓으면 어느 정도 마음이 가벼워진다. 그럴 상대가 없다면 스트레스가 마음속에 차곡히 쌓여 결국 병이 될 것이다. 진심이 통하는 진실한 친구 외에 그 어떤 명약도 가슴을 꽉 막고 있는 무언가를 뚫지 못한다.

"자신의 마음에 상처를 내지 마라."

피타고라스의 격언이다.

상처 입은 괴로운 마음을 숨김없이 말할 수 있는 친구가 없다면 홀로 고통을 감내해야 한다. 혼자 하는 치료가 원활하게 이루어지지 않으면 내면의 상처는 더욱 깊어진다. 반면 아낌없는 위로를 건네주는 친구가 있다면 몸과 마음이 금세 회복될 것이다. 우정은 확실히 기이한 힘을 발휘한다.

또, 우정은 사람을 지혜롭게 만든다. 어둠 속에 홀로 갇혀 온갖 쓸데없는 생각에 골몰할 때 마음 상태는 마치 폭우가 내리는 듯하다. 우울에 사로잡혀 가뜩이나 꼬여 있는 문제를 얼기설기 엮는다. 그러한 절망 속에 있을 때 친구라는 빛이 다가와 산들바람이 부는 따뜻한 봄날의 한가운데로 인도하면, 밝음 속에서 이성적인 사고가 살아난다.

단순히 친구의 충고를 귀담아들어서가 아니다. 편안하고 자유로운 대화를 통해 응어리진 마음을 풀고, 상황을 이성적으로 판단해 정리할 수 있기 때문이다.

옛날 어떤 사람이 페르시아 제국의 국왕에게 말했다.

"생각은 돌돌 말린 양탄자고, 말은 활짝 펼쳐진 양탄자다."

종일 혼자 골몰하는 것보다 잠깐이라도 친구와 아무 거리낌 없이 솔직한 대화를 하는 편이 생각을 정리하고 보다 많은 것을 깨닫게 한다.

사상은 칼날이고 대화와 토론은 칼을 가는 숫돌과 같다. 언어로 뱉어낼 때 사상은 한층 날카롭고 선명해진다.

그리스의 철학자 헤라클레이토스Herakleitos는 "맨 처음 빛이 가장 밝다."고 말했다. 그러나 실제로 사람에게서 나오는 이성의 빛은 감정이나 습관 및 편견의 영향으로 그렇게 밝지 못한 경우가 많다.

"인간은 언제나 가장 좋은 칭찬은 자신의 것으로 남긴다."는 말이 있다. 사람은 이성적 사고를 통해 자기반성을 하고 스스로를 제어한다. 그렇지만 "거울을 본다 해도 결국 자신의 원래 모습을 잊고 만다."는 말처럼 사람은 본능적으로 자신에게 관대하다. 때로는 스스로 자랑하고 뽐내는 것도 서슴지 않는다. 이때 친구의 진심 어린 훈계는 좋은 약이 된다.

친구의 충고를 듣지 않아 잘못을 범하고 후회를 하는 경우가 있다. 이런 사람들은 바보같은 생각을 일삼는다. "두 눈으로 본다고 한 눈으로 보는 것보다 반드시 더 많이 보는 건 아니다." "신중한 사람이 화를 잘 내는 사람보다 반드시 똑똑한 건 아니다." "다른 사람의 도움을 받거나 말거나 어차피 결과는 마찬가지다."는 말을 믿고 거만하게 행동한다.

반대로, 사소한 일도 여러 사람에게 의견을 구하는 사람이 있다. 듣지 않는 것보다는 낫지만 이때 주의해야 할 사항이 있다. 가장 좋은 충고는 정직하고 공정한 친구에게서만 나올 수 있다는 것이다. 이 사람, 저 사람이 떠드는 충고는 별다른 책임의식 없이 입에 발린 내용인 경우가 많다.

또한 그들은 정황을 살피지 않고 되는 대로 내뱉기 때문에 그 의견을 종합해 보면 모순이 생길 수 있다. 그들의 말만 듣고 중심을 제대로 세우지 않으면 주제를 잃고 갈팡질팡하게 될 것이다.

환자가 병을 고치러 의원을 찾았는데, 의사가 제대로 진단하지 않고 대강 증세를 보고 처방한다고 치자. 그 약을 먹으면 일시적으로 병이 나은 듯하겠지만 시간이 지남에 따라 부작용이 발생해 더 깊은 병을 앓는 수가 있다. 나를 잘 알고, 내가 하려는 일이 무엇인지 이해하고 관심을 가지는 친구만이 제대로 된 충고를 할 수 있다.

인생은 유한하다. 때로는 아직 끝내지 못한 일이 많은 상태로 죽음을 맞이하기도 한다. 그럴 때 마음을 아는 진정한 친구가 있다면 완성하지 못한 일을 대신 맡아주기도 한다. 이처럼 진실한 친구 한 명을 얻는 것은 또 한 번의 삶의 기회를 얻는 것과 같다.

살아가면서 스스로 나서서 해결하지 못하는 일이 얼마나 많은가. 지나치게 과장될까 봐 사람들은 자신이 잘한 일을 스스로 말하는 것을 어려워하고, 자존심 때문에 다른 사람에게 머리를 숙이고 들어가는 일도 하기 힘들어한다. 이럴 때 믿는 친구가 있다면 이런 일을 자연스럽게 처리할 수 있다.

아이들 앞에서 아버지로서 위치를 유지하기 위해, 아내 앞에서 남자다운 모습을 보이기 위해, 적 앞에서 자존감을 지키기 위해 때로는 감정적으로 일을 처리하게 된다. 이런 상황에 친구는 미묘한 감정에서 벗어나 객관적이고 현실적인 제3자의 입장에서 당신을 대신해 공정하게 일을 처리해줄 수 있다.

우정이 우리의 일생에 얼마나 많은 것을 가져다주고 풍요롭게 하는지 생각해보면 친구란 정말 고마운 존재다.

"붉은색을 가까이하면 붉게 물들고, 검은색을 가까이하면 검게 물든다."라는 옛말은 친구가 주는 영향을 잘 표현하고 있다.

1988년 노벨 생리의학상 수상자인 영국의 제임스 블랙James Black은 죽은 친구를 애도하며 이런 말을 남겼다.

"그의 지혜와 재능은 마치 북을 치듯 내 마음을 울렸다. 그는 말이나 생각만이 아닌 생명을 걸고 행동했고, 자신은 물론 다른 이들까지 훨씬 더 뛰어나고 위대하게 변화시켰다."

마이클 패러데이는 이런 말을 했다.

"만약 한 사람을 알고 싶다면 그와 교류하는 사람을 보면 된다. 절제하는 식습관을 가진 사람은 음주를 즐기는 사람과 어울리지 않고, 우아한 언행을 하는 사람은 거칠고 폭력적인 사람과 어울리지 않는다. 단정하고 성실하게 사는 사람은 방탕한 사람과는 친구가 되기 어렵다. 타락한 사람과의 교류는 자신의 품성 역시 그 수준이라는 것을 보이는 것이고, 사악한 사람과 어울리면 자신의 품성 역시 점차 그 길로 가게 된다."

올바른 생각을 가진 사람은 자기보다 훌륭하고 강인한 사람을 찾아 그를 본받기 위해 노력한다. 뛰어난 인격과 실력을 갖춘 사람과 교류해 좋은 영양분을 흡수하면 자신을 한층 성장시킬 수 있다. 반면에 좋지 않은 품행과 사상을 가진 사람과의 교류는 자신 역시 그렇게 될 수밖에 없다.

자기밖에 모르는 이기적인 사람과 교류하면 모든 걸 단조롭고 무미건조하게 느끼고, 보수적이고 이기적인 마음으로 가득 차 용감하고 강한 의지와 넓은 마음을 갖기 어렵다. 점차 마음이 좁아지고, 눈앞의 이익에만 급급해 원칙을 잃고, 하는 일마다 우유부단하고, 현실에 만족하며 미래의 발전은 생각하지 못하게 된다. 이런 정신 상태는, 무슨 일을 하든 또는 뛰어난 인재가 되고자 하는 사람에게는 치명적인 타격을 가한다.

똑똑하고 훌륭한 인품과 풍부한 경험을 가진 사람과의 교류는 많든 적든 좋은 영향을 받게 되어 삶이 풍성해진다. 그들의 생활 모습을 보고 그와 같은 사람이 되기 위해 생활을 개선하려는 노력을 하게 된다. 또 그들을 통해 시야를 넓히고, 풍부한 경험에서 좋은 점을 받아들이고, 그들의 성공에서 배우고 실패에서 교훈을 얻어 자신을 보다 발전시킬 수 있다. 그들이 자신보다 강하다면 그 속에서 힘을 얻을 수도 있다.

똑똑하고 정력이 충만한 이들과의 교류는 자신의 인격 형성에 긍정적인 영향을 미치고, 재능도 향상시킬 수 있다. 또 분석과 문제 해결 능력을 배가시키고, 잘못된 목표를 개선하고, 일상 사무도 더욱 민첩하고 노련하게 처리하게 된다.

뛰어난 인격을 갖춘 사람은 주변에 있는 사람을 위로 이끌고 생활에 대한 열정을 높여준다. 반대로 덜떨어지고 방탕하고 타락한 사람은 자신도 모르게 주변 사람의 격을 낮추고 삶을 피폐하게 만든다.

고독감에 젖어 들고, 주위 사람들이 낯설게 느껴질 때는 진지하게 자신에 대해 고민해봐야 한다.

'나는 왜 이렇게 되었을까? 다른 사람과의 교류 방식을 바꿔야 하지 않을까?'

제시 쿠스는 흑인으로, 보잘것없는 작은 신문사의 기자였다. 검은 피부색 때문에 사람들로부터 배척당하는 것쯤 부지기수였지만, 특히 직장 동료와의 교류가 가장 두통거리였다.

그는 세계적인 명사 석유 재벌 아먼드 해머Armand Hammer와의 인터뷰를 성사시켜 직장에서 인정받고 동료들에게도 자신이 어떤 사람인지 떳떳이 보여주고 싶었다. 인터뷰만 성공하면 신문 판매 부수가 급상승하고, 신문사의 명성도 드높일 테니 자신의 능력을 단번에 드러내기에 가장 적합한 방법인 듯했다.

매일 아먼드 해머의 일거수일투족을 주시하며 인터뷰 기회를 노리던 그는 어느 날 드디어 기회를 잡았다. 호텔 문 앞에서 정면으로 마주친 것이다. 그는 재빨리 아먼드 해머의 앞을 막아서고 간절히 인터뷰를 요청했다.

다소 무례할 수 있는 행동이었지만 해머는 별다른 불쾌감을 표현하지 않고 미소를 지으며 대답했다.

"오늘은 바쁩니다. 다른 날에 하지요."

제시가 물러서지 않자 해머는 결국 한 가지 질문에 답하기로 했다. 어떤 질문을 할지 생각하던 제시는 가장 민감한 문제를 물었다.

"최근 귀사의 동유럽 석유 수출량이 감소하는 반면 경쟁 회사의 수출량은 오히려 증가하고 있습니다. 이는 석유왕이라는 당신의 명성과 어울리지 않는 것 아닙니까?"

당돌한 질문에 해머는 전혀 동요하지 않고 조용히 대답했다.

"다른 사람을 배려하는 것은 자신을 배려하는 것과 같습니다. 경쟁에서 승리하고자 하는 사람은, 만약 상대를 이해하고 관용적 태도를 보이면 상상도 못할 엄청난 수확을 거둘 수 있다는 사실을 알게 되면 좋겠습니다. 배려는 경쟁에서 승리할 수 있는 가장 힘 있는 방식이고, 최선의 길입니다."

그 말을 마치고 해머는 자리를 떴고, 제시는 그 자리에 한참을 멍하니 서 있었다.

그는 해머가 자신을 놀렸다고 생각했고, 당연히 그 인터뷰는 그가 기대한 만큼 효과가 없었다. 그 후에도 제시는 해머의 말이 잊히지 않았다. 그런데 아무리 생각해도 무슨 의미인지 이해할 수 없었다.

10년 후, 제시는 우연히 해머가 석유왕이 되기 전의 이야기를 알게 되었다.

아먼드 해머는 사실 러시아 난민으로, 추운 겨울 다른 난민들과 함께 미국 사우스 캘리포니아의 작은 마을에 도착했다. 그리고 그 마을에서 선량한 마을 대표 잭슨을 만났다.
겨울비가 내리던 어느 날, 잭슨 집 화단 옆의 작은 길이 비로 인해 질척거리자 사람들은 모두 화단을 가로질러 걸었고, 화단은 엉망이 되었다. 이 모습을 본 해머는 잭슨이 속상할까 봐 사람들에게 화단으로 가지 말고 길로 가라고 지시하면서 빗속에 서 있었다. 이때 외출했던 잭슨이 시멘트 부대를 등에 짊어지고 나타났다. 그리고 시멘트를 진흙 도로에 골고루 덮었다. 그 결과 사람들은 더 이상 화단을 밟고 지나가지 않게 되었다.
잭슨은 미소 띤 얼굴로 말했다.
"해머, 보게나. 다른 사람을 배려하는 일이 바로 자신에게 도움이 되는 일이라네. 그러니 얼마나 좋은 일인가."

제시는 그제야 해머가 자기에게 무슨 이야기를 하고 싶어 했는지 깨달았다. 그는 달라지기로 결심했다. 우선 회사 동료들에게 먼저 적극적으로 다가갔다. 그러자 동료들도 더 이상 그를 따돌리지 않고 '까만 얼굴'이라고 부르며 친근하게 대했다.

오랜 시간이 흘러 신문사 주간으로 퇴직한 제시는 조용한 마을에 머물렀다. 그의 주변에는 각종 피부색을 지닌 수많은 아이가 몰려들었고, 누구나 할 것 없이 그를 '까만 얼굴' 할아버지라 불렀다.

사람의 마음은 모두 화단이고, 모든 이의 인생길은 화단 앞의 길과 같다. 살다 보면 산들바람이 불고 밝은 태양이 내리쬐기도 하지만 때로는 거센 폭풍이 불어닥치고 천둥번개가 내리친다. 비바람 가운데 편하게 걸을 수 있는 길이 있다면 누가 굳이 예쁘게 가꿔진 남의 화단을 짓밟아 그 사람의 마음을 아프게 하고 싶겠는가.

주변 사람들과 좋은 관계를 맺고 싶다면 먼저 자신의 나쁜 습관을 고쳐야 한다. 많든 적든 누구에게나 남이 보기에 좋지 않은 습관이 있기 마련이다. 인간관계는 물론 행복한 삶을 위해서 안 좋은 습관은 반드시 버려야 한다.

시샘은 인간관계를 엉망으로 만드는 적이다. 남을 시기하고 질투하면 본인의 몸과 마음만 상하게 된다. 심지어 질투에 눈이 멀어 어리석은 결정을 내리는 수도 있다.

남의 행운에 박수를 치는 게 옳지 공연히 미워하고 깎아내리는 건 나쁘다고 누구나 알고 있지만 우리는 사소한 것에도 쉽게 질투하고 남을 미워한다.

친한 친구 사이에도 질투의 감정이 일어난다. 평소 자신이 바라던 것을 상대방이 가지고 있으면 부러우면서도 한편으로 '왜 행운이 내게 일어나지 않고 쟤한테……?' 라는 생각을 하게 된다.

질투로 가장 상처받는 사람은 질투를 하는 당사자다. 남을 미워하고 남의 처지나 물건을 탐내도 결코 원하는 걸 가질 수 없다. 그러다 보면 자기를 비하하고, 왜 바람을 이룰 수 없는지 주위 환경을 원망하게 된다.

"행복은 나누면 배가 되고 슬픔은 나누면 반으로 줄어든다." 는 말처럼 다른 사람과 함께 기쁨을 나누면 온몸 가득 행복이 충만해진다. 남의 행운을 진심으로 축하하겠다는 마음의 자세를 가져라.

그 일이 쉽지 않다면, 자신의 경험을 반추해봐라. 기쁜 일이 있었을 때 주위 사람들이 어떻게 반응했는지, 그때 기분이 어땠는지 등을 떠올려라. 아마 진심 어린 축하를 받아본 기억보다는 인사치레에 기분이 상한 적이 보다 많을 것이다. 대개 그런 대접을 받으면 괘씸한 맘에 다시는 그 친구에게 어떤 사실도 알리지 않겠다는 유치한 생각을 하기도 한다.

그럼, 당신은 그 사람에게 어떤 존재일까. 진심으로 축하를 보내는 쪽일까. 아니면 약이 잔뜩 오른 표정으로 뚱하니 앉아 있는 쪽일까. 누구도 후자와 같이 옹졸한 모습으로 남의 기억에 남고 싶지는 않을 것이다.

축하를 받고 싶어서 자랑을 하는 것이다. 좋은 일이 있어서 가뜩이나 기분이 날아갈 듯한데 친구에게 진심 어린 축하 인사를 받는다면 얼마나 행복할까.

누군가에게 그러한 고마움을 받은 적이 있다면, 당신도 남에게 기쁨을 주는 사람이 되어라. 더불어 세상일에 관심을 기울이고 울고 웃으면 여러모로 사회에 공헌할 수 있는 훌륭한 사람으로 거듭날 것이다.

사랑

세상에는 이유 없는 사랑 없고 이유 없는 미움 없다

_1942년 5월 2일 '연안 문예 좌담회에서의 연설'에서

마오쩌둥은 어머니에 대한 정이 유난히 깊었다. 1918년 여름, 장사에서 베이징으로 떠나기 전날 그는 건강이 좋지 않은 어머니가 마음에 걸렸다. 마오쩌둥은 지인에게 부탁해 약을 지어 외삼촌 댁에 있는 어머니에게 보냈다. 다음 해 봄, 그는 장사에 돌아오자마자 어머니를 모시고 의원을 찾았다.

그해 10월 5일 어머니가 지병으로 52세의 나이에 세상을 떠났다. 마오는 그날 밤새 달려 어머니의 마지막 가는 길을 지켰고, 눈물을 흘리며 〈제모문祭母文〉을 썼다.

"내 어머니는 숭고한 인품을 지닌 분으로, 박애정신을 최고로 여겼다."

당시 그가 친구에게 보낸 편지에는 이런 내용이 있다.

"세상에는 세 종류의 사람이 있다네. 첫 번째는 자신의 이익을 위해 남에게 손해를 입히는 사람, 둘째는 자신의 이익은 챙기지만 남에게 손해를 주지는 않

는 사람, 세 번째는 남의 이익을 위해 자신이 손해 보는 사람이라네. 네 어머니는 세 번째 사람이었네."

마오쩌둥은 어머니에게 많은 영향을 받았는데, 이후 그의 삶에서 분명하게 볼 수 있다.

같은 해, 마오쩌둥은 베이징 신민학회에 참여해 그곳에서 은사인 양창지楊昌濟의 딸인 양카이후이楊開慧를 만났다. 그녀는 다정하게 그를 위로해 주었고 그 후, 마오쩌둥과 양카이후이는 서로 왕래를 하며 점차 감정을 키웠다.

두 사람은 함께 자금성 강변과 북해공원을 거닐며 매화꽃과 호숫가에 핀 버드나무를 보며 많은 이야기를 나누었다.

진정한 사랑은 한 사람의 인생을 바꾸고, 겁쟁이를 용사로 만들기도 한다.

두 마음이 만나 불꽃이 일고 아름다운 연애를 하고 결혼행진곡에 맞춰 서로 손을 붙잡고 결혼식장으로 들어가면서부터 두 사람의 인생에 새로운 여정이 시작된다. 부부가 살면서 어려움이 닥칠 때마다 서로 용기를 주고 눈물을 닦아주고 온 마음을 다해 자신이 선택한 삶에 최선을 다하는 모습은 아름답다.

한 노부부가 가족들을 만나고 돌아오는 길에 사고를 당했다.

화재가 나서 배가 곧 가라앉을 위험에 처했다. 선장의 지시 아래 구명정으로 옮겨 탈 준비를 하는데, 평소 몸이 약하고 병이 있는 남편이 아내에게 말했다.

"나는 저 구명정으로 뛰어내릴 힘이 없어요. 내 걱정은 말고 당신이나 얼른 가요."

"영감, 나 혼자 살면 무슨 의미가 있겠어요. 당신을 혼자 두고 가지 않겠어요. 우리 죽음도 함께 해요."

"어서 가요. 평생 고생만 시켰는데 나 때문에 죽게 할 수는 없어요."

"당신이 곁에 없으면 살아도 아무 소용이 없어요. 함께라면 죽음도 행복하게 맞을 수 있어요."

결국 남편은 아내의 고집을 꺾지 못했다. 두 사람은 서로의 손을 꼭 붙잡고 평온한 마음으로 다가올 죽음을 기다렸다. 이미 배 안에 있던 120여 명의 다른 승객들은 구명정에 올라탄 뒤였다.

그런데 그때 구명정에 있는 사람들이 노부부를 다급히 불렀다. 그들은 줄사다리를 배와 구명정에 단단히 연결하고 어서 내려오라고 손짓했다. 노부부의 사랑에 감동한 누군가가 두 사람을 구하기 위해 급히 줄사다리를 찾아온 것이었다. 노부부는 조심조심 줄사다리를 타고 안전하게 구명정에 올랐다. 그렇게 노부부는 무사히 집에 돌아올 수 있었다. 남편이 아내에게 말했다.
"만약 당신이 곁에 없었다면 나는 분명 죽었을 거요. 내 늙은 목숨을 구해줘서 고마워요."
그러자 아내는 담담하게 대답했다.
"그게 무슨 소리예요. 우리는 고통과 즐거움을 함께 나누고 죽는 날까지 서로 의지하는 부부잖아요."
인생에서 겪는 가장 큰 고통은 진정한 사랑을 얻지 못하거나 실연의 아픔을 겪어보지 못하는 것이다.

듣고 싶지 않은 말이나 보고 싶지 않은 일은 무심히 듣고, 무심히 보고, 무심히 잊는 게 가장 좋다. 이는 처세의 기술이자 가정의 화목을 지키는 비결이다.
사랑하는 사람과의 결혼 생활이지만 연애할 때처럼 낭만적일 수는 없다. 사소한 일에도 서로 부딪히다 보면 부부간에 균열이 생기는 것을 피할 수 없다. 갈등에 어떻게 대처하느냐에 따라 앞으로의 생활이 달라질 수 있다.
"바보처럼 사는 것은 어렵다."
청나라 말기, 서예와 그림으로 유명했던 정판교鄭板橋의 격언이다. 분명 어려운 일이지만 '바보처럼' 살면 갈등이 일어나지 않고 부드러운 분위기가 조성된다. 마음 편하게 살 수 있다면야 바보처럼 행동하는 것도 그리 나쁘지만은 않다.

가정이 조용하려면 남편이 마음을 넓게 가지고 대범해야 한다. 종일 집안일을 하느라 몸과 마음이 지친 아내가 짜증을 내거든 자상한 말로 위로하고 우스갯소리로 긴장을 풀어주어야 한다. 남편이 그렇게 나오면 아내도 화를 내지 않는다. 포용력이 있는 남자와 사는 여자는 가정에서 편안함을 느끼고, 우울해하거나 불안해하지 않는다.

마음이 넓은 사람은 원망하기보다 사랑을 하고, 긍정적이고 유쾌하며 소탈하다. 슬퍼하고 침전하고 초조해하고 분노하기보다 괴로움이나 어려움을 참고 견딘다.

가족과 친구들에게 관대하고, 그들을 이해하고 사랑하는 마음으로 충고를 건넨다. 말과 행동에 진심이 담겨 있기에 그를 대하는 사람 역시 마음을 열고 존중하고 감동한다.

서로를 감싸는 관계에서는 감정상의 마찰이나 행동상의 대립, 심리상의 원망과 미움이 없다.

자기는 마음이 넓지 않아 무엇도 참을 수 없다고 한다면 차라리 아예 입을 다물고 귀머거리, 벙어리 행세를 하는 게 낫다. 아내가 끊임없이 수다를 떨어도 잔소리는 아니니 이해하고 넘어가라. 아내는 기분 좋은 일이든 그렇지 않은 일이든 자기가 겪은 모든 경험을 남편과 나누고 싶어 한다. 기쁜 일은 함께 기뻐하길 바라고, 슬픈 일은 위로받길 바란다. 쓸데없이 주저리주저리 떠드는 것 같아도 아내의 입장에서는 남편과의 소통 행위다.

아내의 말을 듣는 게 귀찮더라도 절대 말이나 표정으로 드러내서는 안 된다. 한 귀로 듣고 다른 한 귀로 흘릴지언정 묵묵히 들어야 한다. 아내는 이야깃거리가 떨어지면 자연히 입을 다물 것이다.

언제 어느 상황에서나 바보처럼 굴어서는 안 된다. 분명하게 의사를 전달해야 할 때는 입장을 정확히 알려야 한다.

아내는 남편이 보여주는 소소한 관심에 온기를 느낀다. 짐을 들어주거나 신발을 바로 놓아주거나 수고했다는 한마디를 건네는 작은 배려가 아내를 행복하게 한다.

카네기는 이런 말을 했다.

"대부분의 남자는 일상의 작은 일에 대해 고맙다는 표현을 잘 쓰지 않는다. 사랑을 잃는 일은 사소한 표현을 소홀히 하는 데서 비롯한다."

이미 지나간 과거라도 사랑했던 감정을 소중히 해야 한다. 사랑이 끝난 이유를 두고 상대를 비난하기보다 그의 입장을 이해해야 한다.

실연 후 상대에게 복수하기 위해 폭력을 사용하고 심지어 목숨을 위협하거나 자살하겠다고 협박을 하는 이들을 종종 볼 수 있다. 상대방을 지나치게 사랑하기에 저지른 행동일지라도 후에 남는 것은 마음의 상처와 법적 처벌뿐이다.

연애는 두 사람의 일이다. 어느 한쪽이 일방적으로 사랑을 받아달라고 강요할 수 없고, 상대가 자신의 소유물인 듯 취급해서는 안 된다.

결혼 전의 만남은 일생의 동반자를 찾는 과정이다. 사랑하는 마음이 깊어 평생 함께 하고 싶으면 가정을 꾸리는 것이고, 그렇지 않다면 연애는 끝이 난다.

서로 인연이면 멀리 떨어져 있어도 만나게 되고, 인연이 아니면 결국 헤어지게 된다. 사랑의 감정은 우연한 만남을 통해 혹은 원하는 상대를 찾는다고 얻을 수 있는 게 아니다.

사랑은 삶의 전부가 될 수 없다. 사랑을 잃었다고 자신을 놓아 버리는 행위는 어리석다.

삶에 사랑이 없다면 마음이 공허하고, 영혼이 돌아갈 곳이 없을 것이다. 사랑을 경험하고 사랑을 느끼고 마음속에서 사랑이 용솟음칠 때 마음이 온화해지고 삶에 대한 열정이 생겨난다. 사랑의 감정이 영혼을 정화해 삶을 숭고하게 한다.

사랑은 가장 아름다운 감정이며, 어느 것과도 비교할 수 없는 황홀한 정신적 체험이다. 사랑에 빠진 사람은 활기 차고 아름답다. 사랑을 하거나 사랑을 받거나 두 사람은 어느 때보다 빛이 난다.

사랑은 주는 것이다. 받기만 하고 줄 생각이 없다면 아무것도 얻을 수 없다. 사랑은 주는 것이 받는 것이고, 받는 것이 주는 것이다.

자신이 사랑하는 상대에게 많은 것을 주었다고 말하는 사람치고 사랑이 무엇인지 아는 사람은 드물다. 사랑의 대가를 바라는 사람, 사랑하는 사람에게 버림받았다고 복수를 하려는 사람 역시 마찬가지다.

진정한 사랑은 잃는 것이 아니고 잃을 수도 없다. 사랑은 사람의 감정 활동이고 그 경험을 통해 인생의 맛을 느끼게 된다.

연애를 하는 사람은 쉽게 티가 난다. 남자는 이전보다 성실해지고 매너가 좋아지고 용감해지고 친절해지고 따스해진다. 사랑에 빠진 여자는 얼굴에 미소가 떠나지 않고 즐거워 보이며, 발걸음이 가볍고 매력적으로 보인다.

사랑을 하고, 그 사랑을 얻으면 사랑의 진정한 수혜자가 된다. 마음이 밝아지고 진취적이 되며 생활에 열정을 쏟고 미래를 꿈꾼다.

사랑하는 사람을 위해 어쩌면 많은 희생을 해야 할지도 모른다. 그럼에도 사랑을 하는 사람은 행복할 것이다. 사랑하는 이에게 무언가 해줄 수 있는 건 희생이 아니라 희망과 기쁨이기 때문이다. 누군가를 사랑하는 그 감정이 진실된 것이라면 그것은 인생에서 가장 큰 재산이다.

18

겸손
아무리 많은 공을 세웠더라도 절대 교만해서는 안 된다

_1942년 1월 10일 '반드시 배우고 익혀야 할 경제 작업'에서

1949년 봄, 화북지역에서 열린 정치협상회의에 참석한 마오쩌둥은 신중국 건설 방안에 대해 각 민주당파 지도자와 회담을 벌였다.

장란, 리지선 등 수많은 애국지사와의 회담 과정에서 마오쩌둥은 그들에게 최대한의 존경심을 보이고 예의를 갖추었다. 회의 중이라도 노지도자가 도착했다는 말을 들으면 바로 밖으로 나가 직접 맞이하고, 차에서 내릴 때는 부축해 계단을 함께 올랐다. 마오쩌둥의 이런 태도에 원로 인사들은 감동해 어느 장소에서든 그를 칭찬하고 치켜세웠다. 그럴 때면, 마오쩌둥은 과한 칭찬에 몹시 불편해했다.

어느 날, 마중을 나온 마오쩌둥을 보고 원로 인사가 그를 치켜세우며 칭찬했다. 마오쩌둥은 그 말을 듣고 이렇게 말했다.

"선생님, 우리는 모두 오래된 전우이자 친구입니다. 그런데 별일도 아닌 일에

저를 그렇게 치켜세우시면 몸 둘 바를 모르겠습니다. 앞으로는 제발 그러지 말아주십시오."

공자가 위대한 사상가이자 교육자가 될 수 있었던 것은 그의 겸손한 태도와 깊은 관련이 있다. 공자가 막 걸음마를 시작했을 무렵 전염병으로 부친이 세상을 떠나자, 모친은 어린 공자와 함께 힘든 날을 보내야 했다.

공자는 13세 되던 해부터 공부를 시작했다. 당시 선생님들은 모두 마을의 연장자로 사서오경을 간단하게 소개할 실력밖에 되지 않았다. 처음에 공자와 다른 아이들은 각종 제사 예절과 어른에 대한 기본 예절, 몸을 수양하는 법, 인간의 기본 도리를 배웠다. 공자는 수업 시간에 조용히 선생의 강의를 듣기만 할 뿐 어떤 질문도 하지 않는 아이였다. 그러다 점점 하나둘 질문을 던지기 시작했고 나중에는 선생이 어떻게 답을 해야 할지 모를 정도의 난해한 질문을 쏟아내기 시작했다.

공부도 열심히 하고 질문도 많은 공자는 수업 시간에 열심히 듣는 것은 물론 수업이 끝나고도 새로운 것을 배울 기회를 절대 놓치지 않았다. 공자의 지식욕이 유난히 강한 것을 본 어머니는 아이를 위해 노魯나라의 곡부曲阜로 이사를 하고 그곳의 학교에 공자를 입학시켰다.

공자는 학교를 다니는 것 외에도 학식이 높은 사람을 찾아 배움을 구한 것은 물론 일반 백성에게도 배울 것을 놓치지 않았다.

"세 사람이 함께 길을 가면 그중에 반드시 스승이 있다."

공자의 이 말처럼 그는 언제나 겸허한 태도로 공부하고, 치열하게 노력해 점차 주변 사람들에게 존중받는 지식인이 되어갔다.

성인이 된 후 공자는 자신의 정치적 포부를 펼칠 날을 기대했지만 기회의 문이 쉽게 열리지 않았다. '30세에 뜻을 세운다'라고 여긴 공자는 30세가 되자 학교를 세워 많은 학생을 가르치기 시작했다.

그가 가르친 학생은 3,000여 명이 넘었다. 신분의 구별 없이 귀족 자제부터 평민 심지어 노나라 이외 다른 나라에서도 많은 젊은이가 배움을 얻기 위해 그를 찾아왔다. 공자는 그만의 독특한 교육법으로 제자들을 지도했고, 그래서인지 제자들의 학습 성취도가 대단했다. 그의 제자 중 사서오경과 각종 경서에 정통한 이들만 72명이 넘었다.

제자들을 가르치는 교육 분야에서는 큰 성공을 거두었지만 자신의 꿈을 펼치는 길은 쉽지 않았다. 가는 길마다 난관에 부딪혀 자신의 재능을 펼칠 기회를 잡지 못했다. 50세에 접어들어서야 공자는 노나라에서 중책을 맞게 되었고 뛰어난 전략으로 외교적 승리를 거두었을 뿐 아니라 다른 분야에서도 인도주의 정책을 펼쳤다.

그러나 이 상황은 오래가지 못했다. 노나라가 점차 강성해지자 이를 견제하기 위해 이웃나라인 제齊나라에서 노나라의 내부를 붕괴하는 전술을 쓴 것이다. 제나라의 군주는 노나라의 정공定公이 색을 밝히고 개와 말을 좋아한다는 것을 알고 그에게 수많은 미녀와 화려한 말과 마차를 선물로 보냈다. 정공은 그들의 전략에 말려들어 정사는 팽개치고 매일 술과 미녀와 말과 세월을 보냈다.

이런 상황을 본 공자는 더는 자신의 정치적 포부를 펼칠 수 없다고 생각하고 공직을 떠나 제자들을 이끌고 노나라를 떠났다.

마음속의 이상을 실현하기 위해 공자는 제자들과 함께 14년간 각 열국을 돌아다니며 자신의 견해를 피력했다. 그러나 당시 각 제후국은 각자의 이익을 위해 자주 전쟁을 일으켰고, 이런 상황을 본 공자는 자신의 원대한 포부가 물거품이 되어 스러지는 것 같았다.

결국 공자는 고향으로 돌아왔다. 당시 그의 나이 68세였다. 그 후 공자는 후세를 위해 무언가 가치 있는 것을 남기고, 동시에 부패한 정치가들에게 경고의 메시지를 전달해 왕도를 회복하길 바라는 마음에서 《춘추春秋》를 집필했다.

공자의 정치적 포부는 결국 실현되지 못했지만 그는 중국 역사상 최고의 교육가로 빼어난 사상과 뛰어난 지식을 우리에게 남겼다. 그가 엮은 《춘추》와 그의 언행을 담은 《논어》는 중국은 물론 전 세계에 적지 않은 영향을 주었다.

이처럼 일이나 일상생활에 있어 공자처럼 겸손한 태도로 모든 사물을 바라볼 수 있다면 분명 커다란 성과를 거둘 수 있을 것이다.

"세 사람이 함께 길을 가면 그중에 반드시 스승이 있다." 겸손한 태도로 배우려는 자세를 가질 때 박학다식한 사람이 될 수 있다.

겸손하게 자신을 낮추는 것은 큰일을 이루려는 사람이 가져야 할 기본 품성이다. 성공한 사람의 사전에서 가장 쉽게 발견할 수 있는 단어는 분명 겸손일 것이다. 이 평범하고 일상적인 글자인 겸손을 모르는 사람은 아마 없을 것이다. 그러나 많은 사람이 이 글자가 성공한 사람들이 평생을 가슴에 새기고 추구하는 것임을 모르고 있다.

사마천의 《사기》에 보면 자기를 낮춤으로써 인생의 튼튼한 기초를 다진 역사적 인물이 나온다. 바로 장량이다.

어느 날 장량이 다리 위를 산책하고 있는데 검은 옷을 입은 노인이 나타나더니 그를 보면서 갑자기 신발을 벗어 다리 아래로 집어던졌다. 그리고 장량에게 말했다.

"젊은이, 신발을 주워다 주겠나?"

황당한 장량은 뭐라고 쏘아붙이고 싶었으나 나이 많은 노인이라 화를 참고 다리 밑으로 내려가 신발을 주워와 무릎을 꿇고 노인에게 신겨 주었다. 노인은 전혀 고마운 기색도 없이 신발을 신자마자 웃으며 뒤돌아 걸었다. 그런데 얼마쯤 가다가 노인이 다시 돌아오더니 장량에게 말했다.

"젊은이, 교육을 제대로 받았군. 닷새 후에 이곳에서 만나세."

장량은 황당했지만 그러자고 답했다.

닷새 후에 장량은 아침 일찍 약속 장소로 나갔다. 이미 나와 있던 노인은 장량을 보더니 화를 내며 말했다.

"노인과의 약속에 늦게 오다니! 그만 가보게. 닷새 후에 다시 만나세."

다시 닷새 후에 장량은 새벽닭이 울 때쯤 다리 위에 도착했지만 이미 노인이 나와 있었다. 이번에도 노인은 화를 내며 닷새 후에 다시 오라고 가버렸다.

닷새 후에 장량은 미리 전날 밤에 다리 위에 도착해 노인을 기다렸다. 뒤늦게 온 노인이 웃으며 말했다.

"당연히 이렇게 했어야지."

노인은 품에서 《태공병법》을 꺼내 장량에게 건넸다.

"이 책을 읽으면 능히 제후의 군사가 될 수 있네. 그리고 10년 후에 분명 좋은 일이 생길 것이네."

과연 장량은 유방과 항우의 천하쟁패 과정에서 《태공병법》의 지혜를 이용해 유방이 천하를 제패하는 데 큰 도움을 주었고, 그 역시 인생의 포부를 실현했다.

어떤 사람은 약간의 성공만 거두면 자신이 대단하다는 착각에 빠진다. 이런 사람은 커다란 포부가 있을 수 없고, 시대의 변화에 따라 무정한 현실에 의해 결국 도태되고 만다.

대철학가 소크라테스Socrates는 생전에 따르는 무리가 많았다. 어느 날 제자 중 한 사람이 그에게 물었다.

"선생님은 태어날 때부터 비범한 사람이었나요?"

"아닙니다. 다른 사람과 똑같습니다. 다만, 나는 내가 무지하다는 것을 알고 있지요."

1924년 노벨문학상을 수상한 영국의 극작가 버나드 쇼Bernard Shaw는 유명해진 후, 종종 돈 많은 귀부인으로부터 초대장을 받았다.

"모월 모일 모 부인이 집에 있습니다."

자신의 집에 방문해주기를 바라는 마음을 간접적으로 표현한 것이었다. 이런 일은 당시 상류사회의 유행으로, 많은 사람이 귀족의 초청을 받거나 연회에 참석하는 것을 영광으로 생각했다. 그러나 버나드 쇼는 이런 일을 허위허식이라 생각해 아주 싫어했다. 그는 귀부인들의 초대에 다음과 같이 은유적으로 비꼬며 거절했다.

"모월 모일 버나드 쇼도 자기 집에 있습니다."

어느 날, 한 귀부인이 연회에서 처음 버나드 쇼를 보고 호들갑을 떨며 인사했다.

"버나드 쇼 선생님이시군요. 만나서 정말 반갑습니다. 말씀 많이 들어 잘 알고 있습니다."

"제가 그렇게 유명합니까? 저는 철학자이자 소설가이자 사회학자이자 비평가, 정치가, 극작가, 신학자입니다. 당신이 잘 알고 있는 저는 이 중 무엇입니까?"

이처럼 버나드 쇼는 아주 솔직하고 정직하고 유머가 있는 사람이었다. 그러던 중 그는 1931년 소련 여행을 갔다가 일생 잊을 수 없는 부끄러운 기억을 갖게 된다.

소련에서의 어느 날, 거리를 산책하던 버나드 쇼는 아주 귀여운 소녀를 만나 자연스럽게 산책을 하며 이런저런 이야기를 나누었다. 헤어지면서 그는 소녀에게 웃으며 말했다.

"아가씨, 집에 돌아가면 어머니에게 말씀드리세요. 오늘 아가씨와 함께 산책하고 이야기한 사람이 그 유명한 버나드 쇼라고요."

며칠 전 버나드 쇼는 소련 정부가 마련한 성대한 연회에서 멋진 연설을 했고, 그 내용과 사진이 소련의 모든 신문과 방송에 보도되고 그에 대한 극도의 칭찬이 쏟아졌다. 소련의 유명한 작가 막심 고리키는 기자에게 '버나드 쇼는 유럽에서 가장 용감한 사상가'라는 칭찬을 늘어놓을 정도였다.

이런 일 때문에 버나드 쇼는 소련의 모든 사람이 자신을 알고 있을 거라 여기고, 놀란 소녀가 "아, 당신이 버나드 쇼라고요? 정말요? 너무 기쁘고 감사해요."라는 반응을 보일 것이라 기대했다. 그런데 소녀는 그저 눈을 깜빡이며 말했다.

"선생님도 돌아가셔서 부인께 말하세요. 오늘 당신과 이야기한 사람이 소련의 나타샤라고요."

후에 버나드 쇼는 친구에게 이 일을 이야기하며 몹시 부끄러워했다고 한다.

"사람이 아무리 큰 성공을 거두어도 언제나 자신을 낮추고 모두에게 평등하게 대하고, 겸손하고 성실한 태도를 유지해야 하네. 이게 바로 그 어린 소녀가 내게 가르쳐준 교훈이라네. 나는 평생 그 소녀를 잊지 못할 걸세."

중용

우리에게 필요한 것은 열정과 냉정, 긴장감과 원칙이다

_1936년 12월 '중국 혁명전쟁의 전략 문제'에서

마오쩌둥은 수영을 즐겨 했다. 강이 넓고 물이 깊은 샹장湘江은 천연 수영장과 같아 마오쩌둥은 그곳에서 자주 수영을 했다. 또, 학교에 다닐 때는 100여 명의 학생을 모아 수영부를 만들었다.

학창 시절 마오쩌둥의 좋은 친구였던 뤄슈에짠羅學瓚은 1917년 9월 20일 일기에 이렇게 적었다.

"오늘은 바람이 몹시 불고 날씨가 추웠다. 주위 사람들은 수영을 하지 말라고 말렸지만, 나와 친구들은 그 말을 듣지 않고 물에 뛰어들었다. 막상 물속에 들어가니 생각보다 춥지 않았고, 오히려 몸속에 혈액이 돌고 폐가 부풀어 올라 힘이 솟았다. 수영은 건강에 매우 유익한 운동이다."

마오쩌둥 역시 그때 일을 이렇게 회상했다.

"학기를 시작한 지 얼마 안 됐을 때다. 여름이라 강물이 불어 수영하다 죽은 사람이 몇 명 있었다. 그럼에도 몇몇은 계속 수영을 했고 그렇게 가을과 초겨울을 강에서 수영을 하며 보냈다. 당시 자주 읊조리던 시가 있었는데, 두 구절밖에 생각이 나지 않는다. '자신 있는 인생은 200년이고, 수영은 3,000리까지 할 수 있다' 이다."

마오쩌둥은 수영으로 건강한 신체를 만들고, 정신력과 평온한 마음을 키웠다.

　

마음이 즐거우면 아무리 힘한 길도 웃으며 갈 수 있지만 마음이 무거우면 쉽게 피로하고 지친다. 마음 상태에 따라 상황을 받아들이는 방식이 다른 탓이다.

우리는 일상생활에서 자주 마음의 균형을 잃는다. 일이 잘 풀리지 않거나 다른 사람에게 오해를 사게 되면 금세 주눅이 들고 소심해진다. 한번 위축되면 쉽사리 털고 일어나지지 않는다. 점점 깊이 빠져들어 마음이 무거워지고 생각의 폭이 좁아진다.

마음이 무겁거나 혹은 지나치게 가벼우면 문제가 발생한다. 무거움은 스스로를 억압하고, 가벼움은 경박하고 쉽게 폭발을 일으킨다. 예삿일에도 눈물을 보이고, 금세 무너지고, 별것 아닌 일에 집착하고, 갈피를 잡지 못하고 갈팡질팡한다. 이러한 행동으로 스트레스를 발산하고 정화할 수 있지만 때론 파괴적으로 번져 위험에 처하게 된다.

　역사에 이름을 남긴 수많은 위인은 마음의 균형을 유지하기 위해 괴로움의 무게가 더해질 때면 자신을 조절하고 단련했다. 방법은 어렵지 않다. 마음의 저울에 왼편에는 자신감을, 오른편에는 소심함을 올려놓고 둘의 무게가 비슷하다면 왼편의 자신감에 조금 더 마음을 싣는 것이다.

　자신감에 마음을 실을 수 있는 구체적인 방법은 본인을 정확히 평가하는 것이다. 자신을 지나치게 과소평가하면 세상을 부정적으로 보게 된다. 반면 과대평가하면 만족을 모르고, 잘못을 반성하지 않으며, 상황을 제대로 보지 않고 현실을 원망하게 된다. 둘 다 마음을 답답하게 만드는 잘못된 평가다.

　본인을 제대로 평가하고 그에 따라 행동했는데도 일이 틀어질 때가 있다. 그런 경우 많은 아쉬움이 남는다. 이러한 아쉬움을 마음에 품고 속상해하지 말고, 앞으로 더 나아갈 수 있는 여지를 남겨둔 것이라고 생각해라. 현재의 아쉬움은 다음 일을 성공시킬 행운의 열쇠가 될 수 있다. 아쉬움은 곧 희망의 다른 이름이다. 아쉬움이 없는 것이야말로 가장 큰 아쉬움이다.

　《몽테크리스토 백작Le Comte de Monte-Cristo》《삼총사Les Trois mousquetaires》의 작가 알렉상드르 뒤마Alexandre Dumas는 이런 말

을 했다.

"인생은 무수한 작은 번뇌가 연결된 염주다. 달관한 사람은 웃으며 염주를 하나씩 세어나간다."

아둔한 사람은 불쾌한 현실에서 벗어나기 위해 다른 사람을 탓하고, 힘든 점을 끊임없이 이야기하며 자신을 보호한다. 이런 행동은 시간 낭비일 뿐 괴로운 상황을 해결하지 못한다. 반면 현명한 사람은 현실을 인정하고 받아들인다. 지금의 괴로움이 금세 가시지 않을 걸 알기에 지난날을 돌아보지 않는다. 그리고 이렇게 다짐한다.

'나만 불행한 것이 아니다. 다른 사람도 흔히 겪고, 털어내는 일이다. 나만 못 견딜 일이 아니다.'

때로는 뻔한 방법이 마음에 안정을 가져다준다. 실패를 맛보았을 때 '실패는 성공의 어머니'라는 격언을 떠올리고, 다른 사람에게 오해를 살 때 '타인의 비난과 욕을 통해 성장한다'는 도리를 떠올려 보라.

그렇지만, 이러한 자기 위로가 변명이 되어서는 안 된다. 진정한 달관자는 자신의 결점과 잘못에 대해 무정하고 가혹하게 비판한다. 자신에게 가장 엄격하게 요구하고, 스스로에게 도전하는 걸 즐긴다.

자신을 정확히 판단하고, 현실을 뛰어넘는 과도한 기대를 품지 않으면 좌절할 일도 없다. 기대만큼 만족을 얻지 못할 때는 스스로에게 충고와 위로를 건네고 다음번에는 잘할 수 있을 거라고 격려해라.

1929년 오클라호마 주의 한 기차역, 오스카는 동쪽으로 가기 위해 기차를 기다리고 있었다. 그는 무척 심란한 얼굴을 하고 석유 탐사 시험계를 만지작거렸다.

매사추세츠공과대학을 졸업한 오스카는 석유 탐사를 계획하고 있는 회사에 취직해, 석유 시굴과 관련한 각종 장비와 시험계 등을 결합해 새로운 기계를 만들었다. 그 기계를 이용해 기온이 43도에 달하는 오클라호마 서부의 사막 지역에서 몇 달간 석유 시굴 작업을 했는데, 계속 석유가 발견되지 않아 결국 회사가 부채를 감당하지 못하고 파산하고 그는 졸지에 월급도 받지 못하고 실업자가 되었다.

참담한 심정으로 시험계를 들여다보고 있는데 갑자기 신호가 잡히기 시작했다. 기차역 밑에 어마어마한 양의 석유가 있다는 신호였다. 그렇게 기다리던 신호가 엉뚱한 장소에서 울려대니

오스카는 순간 화가 치밀어 올랐다. 시험계가 망가졌다고 판단한 그는 있는 힘껏 기계를 벽에 집어던져 박살을 냈다.

오스카는 끝내 기차를 타고 고향으로 돌아갔다. 그리고 얼마 후, 오클라호마 기차역 밑에서 엄청난 양의 석유가 발견되었다.

만약 오스카가 기차역에서 신호를 발견할 당시 기분이 좋은 상태였다면 그는 그곳을 조사했을지 모른다. 그렇지만 앞이 보이지 않는 비관적인 상황이었기에 시험계를 부서뜨리고 기회를 걷어차는 잘못된 선택을 했다. 어느 때든 자신의 감정을 다스리는 것이 중요하지만 특히 일을 할 때는 더욱 명심해야 한다. 기분 좋은 상태로 일을 하느냐 아니냐에 따라 성과가 달라진다.

또, 일을 진행하는 과정에서도 감정 조절이 필요하다. 어떤 일을 하든 그 일은 반드시 마음에 어떠한 감정을 불러일으킨다. 만족스럽다면 좋겠지만 인생은 순풍에 돛을 단 배처럼 늘 그렇게 흘러가지 않는다. 어느 때는 분노와 비참함을 느끼고 좌절한다. 누구나 행복하길 희망한다. 그러려면 감정을 가라앉히고 침착을 되찾아야 한다. 안정된 상태를 유지하고 일을 처리하면 그나마 나은 선택을 할 수 있다.

머릿속으로 슬픈 일을 떠올리면 갑자기 마음이 아프고 괴로워진다. 두려운 일을 떠올리면 불안감이 엄습한다. 이런저런 걱정을 하다 보면 착잡해진다. 실패할 거라는 생각에 자신감을 잃으면 실패할 것이고, 자신을 밖으로 드러내지 않고 움츠러들고 숨으면 세상으로부터 멀어질 것이다. 이는 이미 여러 연구에서 검증된 사실이다.

매일 즐거운 일이 일어나 하루하루가 행복으로 가득 찬다면 문제없겠지만 그럴 가능성은 거의 없기에 차라리 그날그날 마주하는 어려움을 낙관적 시선으로 보는 습관을 기르는 게 필요하다.

생활의 즐거움은 나의 일, 환경, 주위 사람을 어떤 식으로 보느냐에 달려 있다. 긍정의 시선으로 보고, 흐뭇하고 기쁜 마음으로 대해라.

사고

사상은 변화하는 상황에 따라 바뀌고 적응해야 한다

_1955년 12월 27일 《중국 농촌의 사회주의의 고조》에서

마오쩌둥이 사범학교에 다닐 무렵 중국 사회는 극렬한 변화의 진통을 겪고 있었다. 그는 자연히 사회의 격변을 몸과 마음으로 느꼈다.

배움을 구하던 시절, 마오쩌둥은 가진 돈의 3분의 1을 각종 신문과 잡지를 구독하고 책을 사는 데 썼다. 그는 매일 지도와 사전, 노트를 펼쳐놓고 오랫동안 정독했다.

친구들이 정세나 시사를 토론할 때 그는 조리 있는 말솜씨와 상황에 대한 정확한 이해, 넘치는 열정으로 사람들을 사로잡았고 '시사통'이라는 별명을 얻었다.

신문과 독서, 토론을 통해 그의 사회적 책임감은 한층 강해졌다.

주위 환경은 끊임없이 변화한다. 그에 적응하고, 생각을 바꾸지 못하면 시대에 뒤떨어져 결국 빈손이 된다.

가난한 두 친구가 있었다. 그들은 산에서 땔나무를 주워 내다 파는 것으로 간신히 입에 풀칠을 하고 살았다. 어느 날, 일을 마치고 산에서 내려오던 두 사람은 커다란 솜뭉치를 발견했다. 당시 솜의 가격은 땔나무보다 몇 배 높았기에 그들은 뛸 듯이 기뻐하며 나무를 버리고 솜을 챙겼다. 그러고 나서 한참 뒤 이번에는 최고급 삼베 두루마리가 길에 떨어져 있었다. 한 친구는 즉시 솜을 버리고 삼베를 줍고, 다른 친구는 삼베를 포기했다. 여태 솜을 지고 걸어온 것이 아까워서 버리지 못하겠다는 이유였다.

다시 길을 떠난 두 사람은 얼마 뒤 뭔가 반짝이는 것을 발견했다. 가까이 가서 보니 황금 덩어리였다. 한 친구는 즉시 삼베를 버리고 황금을 줍고, 다른 친구는 황금을 포기했다. 아까와 똑같은 이유였다. 또, 그것이 진짜 황금인지 믿을 수 없다고 했다.

그렇게 다시 길을 걸어 산을 거의 내려왔을 때쯤 갑자기 비가 쏟아졌다. 두 사람은 홀딱 젖었고, 솜이 물을 먹어 무거워졌다. 더는 짊어질 수 없을 정도의 무게에 못 이겨 결국 솜을 버려야 했다.

주변을 보면 초기에는 분명 비범한 재능을 보였는데 사업이 일정 괘도에 오르면 어쩐 일인지 그 자리만을 맴돌며 발전하지 못하는 사람이 있다. 그 원인을 관찰해보면 그들의 사고가 끊임없이 변화하고 발전하는 시대를 따라가지 못하는 것을 알 수 있다. 화살을 쏠 때 표적이 보이지 않으면 제아무리 뛰어난 신궁이라도 과녁에 명중시킬 수 없다.

상황에 따라 조절하고 변화에 대응하는 것은 사람이나 기업에게나 놓쳐서는 안 될 기본 관념이다.

빌 게이츠Bill Gates는 "비즈니스적 마인드를 갖춘 기업가는 기업이 일정한 규모가 된 후, 더 키우고 싶다면 반드시 효율적인 조합과 조정이 필요하다. 이럴 때 그 기업에 밝은 미래가 있다."라고 말했다.

중국 희망그룹의 총재 리우용하오劉永好는 비즈니스적 마인드가 뛰어난 사람으로, 그와 교류가 있는 이들은 하나같이 리우용하오의 냉정함에 대해 이야기한다.

원래 리우용하오의 원대한 목표는 사료와 그 관련 산업을 발전시키는 것이었다. 그러나 1999년 당시 사료업은 이미 이윤이 낮은 사양산업이었다. 시장은 포화 상태이고 운반비는 갈수록 높아져 전망이 그리 밝지 못했다. 리우용하오의 기업은 사료 업계에서는 이미 중국 최고였기에 그가 고려한 것은 동종 업계와의 효율적인 조합이었다.

리우용하오는 밀가루 가공이 사료 제조와 비슷하다고 판단하고 2000년, 사천 지역의 동풍 밀가루 공장과 협정을 맺었다. 이로써 리우용하오의 동방 희망그룹은 중국 서부 대개발의 첫발을 내딛었다.

그가 밀가루 가공업을 택한 이유는 사료업과 비슷한 식품공업인 것도 있지만, 기업 상황 분석실에서 밀가루 시장의 수요가 급증할 거라는 전망을 내놓았기 때문이었다.

서부에서 시작해 동부로 향해 성공한 기업가로서 그는 서부 개발에 관해 수많은 독창적 견해를 가지고 있었다. 동부 기업과 세계 유명 기업이 보다 직접적이고 깊게 중국 서부를 알 수 있는 기회가 되고, 서부에 대한 인식을 높이는 데 서부 개발에 참여하는 것이 유리하다고 판단했다.

동시에 그는 사천성 기업과 동부 기업, 세계 유명 기업 간의 협력 개발을 통해 상호 교류의 다리를 놓게 되면 이후 서부 지역에 무엇이 부족하고, 무엇이 필요하고, 어떤 발전 가능성이 있는

지 알 수 있어 쌍방 모두에게 이익이 되리라 확신했다.

중국 서부는 인구가 많고, 자원이 풍부하고, 기업이 많았다. 그런데 개발 정책이 확립되지 않아 이런저런 문제가 있었다. 리우용하오는 서부 개발이 보다 활발해지고 외자투자유치를 위해서는 공정한 시장 운영 시스템이 만들어지고, 다원적인 투자 체제와 정책의 연동성이 확립되어야 한다고 믿었다. 이 같은 과정을 통해 보다 많은 외국 기업과 민간 자본, 국영기업이 안전하게 사업을 진행할 수 있을 거라 생각했다. 따라서 동부와 서부의 교류는 이후 전망을 봤을 때 잘한 결정이며 쌍방 모두에게 좋은 기회였다.

리우용하오에게 밀가루 공장을 통한 서부 개발은 부를 창조할 수 있는 기회를 거머쥔 것과 같았고, 실제로 그는 화려한 꽃을 피울 수 있었다.

인생의 아름다움은 어느 한 곳에만 있는 게 아니다. 주위를 돌아보면 사방에 아름다운 풍경이 있다.

어떻게 살아가야 할지, 처세는 어떻게 해야 하는지를 진지하게 고민해라. 너무 이르거나 늦었다는 생각은 하지 마라. 비가 내린다고 옷이 좀 젖는다고 모든 게 끝나지 않는다. 날개를 최대한 넓게 펼쳐야 높이 날아올라 멀리 내다볼 수 있다. 앞을 가로막고 있는 거대한 산을 넘으면 눈앞에 아름다운 풍경이 펼쳐질 것이다.

지나간 과거에 연연하지 마라. 과거에 얽매여 스스로 고통을 불러들이지 마라. 머릿속을 백지화하고 마음속의 원망과 불만을 없애면 삶이 순조롭고 평화롭게 흘러갈 것이다.

이 세상에 무언가 할 일이 있기에 자신이 태어났을 거라 믿는다면 나라는 존재를 중요히 여기고 아껴야 한다. 사람의 생명은 위대하고 창의적이다. 그런데 이 점을 경시하는 사람이 많다. 경험하고 성공으로 나아갈 수 있는 기회를 놓치고 가는 곳마다 절벽이라고 투덜거리며 자기를 비하한다. 할 수 없다고 포기하지 말고 몸을 조금만 돌려 저 멀리 앞을 내다봐라. 저기 끝에 신세계가 있다.

과거의 영광을 추억하며 하루하루를 헛되이 보내는 것은 생명을 낭비하는 짓이다. 현재의 삶이 즐겁지 않다면 바꿔볼 시도를 해라. 아직 시선이 닿지 않은 어느 곳에 성공으로 향하는 길이 펼쳐져 있을지 모른다. 어떤 삶을 살지는 자신이 선택하는 것이지만 그 길이 무엇이든 스스로에게 당당해야 한다.

대부분의 사람은 정확한 방향을 찾지 못할 때 자신의 무능함을 자책한다. 능력이 모자라서 헤매는 것이 아니라 자신이 설 자리를 잘못 택했을 수 있다. 확고한 믿음이 없는 상태에서 그저 언제 올지 모를 때를 기다리며 한곳에 자리를 지키고 앉아 있다가는 발전과 성공의 기회를 놓치게 된다. 누구나 자신만의 위대한 발전 영역이 있다. 온전히 제힘을 발휘할 수 있는 자리를 찾아가라.

인생에 단 한 번의 찬란한 시기란 존재하지 않는다. 매 순간, 어느 곳에서든 빛날 수 있다. 그 길로 나아가려면 노력과 창조가 필요하다. 상황을 살피고 결단을 내려 삶의 목표를 세워야 한다.

기존의 관점에서 벗어나 새로운 각도에서 자신을 바로 보면 자신감을 찾을 수 있다. 내면에 감춰져 있는 자신의 가치를 발견하고, 자기에 대한 믿음을 키워라.

인생은 끊임없이 발전하고 진보하며 업그레이드하는 과정이다. 각각의 발전단계에 따라 사고의 영역을 넓혀라.

21

이상

제대로 가려면 멀리 보라

_1937년 10월 '중국 공산당의 민족 전쟁 중에서의 지위'에서

마오쩌둥은 중국 인민 해방전쟁을 이끄는 동시에 시국이 심각한 변화를 맞고 있음을 깨닫고 어떻게 하면 새로운 중국을 건설할지 고민하고 앞으로의 계획을 세웠다.

1947년 10월 인민 해방군이 진공을 결정하고 얼마 후, 마오쩌둥은 '중국 인민 해방군 선언'에서 다음과 같이 주장했다.

"노동자, 농민, 군인, 학생, 상인 등 각계에서 핍박받는 계층과 여러 인민 단체, 민주당파, 소수민족, 화교와 애국자가 연합해 민족통일전선을 조직해 국민당 정부를 무너뜨리고 민주 연합정부를 수립한다."

1948년 4월 30일, 중국 공산당 중앙은 5·1 노동절을 기념해 정치 협상을 열어 '민주 연합정부 수립'을 토론했다. 5월 1일, 마오쩌둥은 중국 국민당 혁명 위원회 주석 리지선과 중국 민주 동맹 중앙 상무위원에게 서신을 보내 중국 공

산당 중앙, 민주혁명 중앙, 민주 동맹 중앙이 연합해 정치 협상을 열어 정한 '민주 연합정부'의 시정 강령을 알렸다. 후에 이 협상과 여기에서 나온 구체적 방안 및 강령은 중국 내의 많은 인사에게 적극적인 호응을 얻어 이후 해방 전쟁의 승리를 촉진하는 계기가 되었다.

"높은 산을 향해 나는 독수리만이 태양의 첫 번째 빛을 볼 수 있다."

러시아 작가 막심 고리키Maksim Gor' kii의 말이다. 한 비행기 조종사가 경험담을 털어놓았다.

"어느 날, 혼자 비행을 하는데 바다 위를 날 때였습니다. 갑자기 멀리서 암흑보다 더 시커먼 구름이 몰려오는 게 보였어요. 순식간에 사방이 검은 구름에 뒤덮였죠. 곧 폭풍이 불어닥칠 게 분명했습니다. 일이 벌어지기 전에 대피해야 했지만 그건 불가능에 가까웠죠. 바다를 내려다보았습니다. 파도가 거세게 넘실거려 수면 위로 낮게 나는 것도 무리였습니다. 그 상황에서 선택할 수 있는 방법은 구름을 뚫고 높게 나는 것뿐이었죠. 1,000 2,000 3,000 3,500피트……조종간을 붙잡고 고도를 높였습니다. 하늘은 여전히 칠흑같이 어두웠고 비가 내리기 시작하더니 곧 천둥

번개가 내리쳤습니다. 이를 악물고 더 높이높이 올라갔습니다. 6,500피트에 다다랐을 때, 믿을 수 없는 광경이 벌어졌습니다. 생애 한 번도 보지 못한 아름다운 경치였어요. 어느새 검은 구름은 발아래 머물고 머리 위로 찬란한 태양이 비치고 있었습니다. 마치 다른 세상에 온 것 같았지요."

이상은 어디쯤에 존재할까. 낮음과 보통, 이상의 경계는 어떤 기준에 의해 나눌 수 있을까. 문제의 답을 알지 못하기에 결국 이상에 도달하지 못할 거라 여기고 한곳에 머물며 방황하는 것일까. 평지에서 걷기만 배웠지 하늘을 높이 나는 법을 몰라 위로 향할 시도조차 하지 않는 것일까. 아니면 그저 나뭇가지에 앉아 소일하는 참새가 되기를 바라는 것일까.

아래를 향해 바닥을 기어다닐지, 위를 향해 하늘을 날아오를지는 자신이 선택하는 것이다. 아래를 꿈꾸면 단조로운 삶을 구할 것이고, 위를 꿈꾸면 인생의 가장 아름다운 광경에 선 자신의 우아한 모습을 보게 될 것이다.

꿈을 크게 가지면 인생이 보다 의미를 가지고, 자아가 강해진다. 꿈은 하늘을 나는 새와 같다. 새를 좇으면 삶의 가치가 올라간다. 꿈은 한 척의 쪽배와 같다. 그 배가 아름다운 경치가 펼쳐진 신세계로 안내할 것이다.

사람은 누구나 꿈을 가지고 산다. 각자 다른 희망을 품고 앞으로 나아가기에 세상이 풍요롭고 다채롭다.

"꿈의 청사진은 크면 클수록 좋다."

미국의 저명한 성공학 강사이자 하버드대학교 교수인 필룩스의 말이다. 그는 다음의 이야기를 덧붙였다.

"옛날 영국에 한 형제가 살았습니다. 형은 북극에 가기로 했고, 동생은 북아일랜드까지만 가기로 했습니다. 형제는 옥스퍼드를 출발해 꿈을 향한 길을 떠났습니다. 끝내 두 사람은 꿈을 이루지 못했습니다. 형은 북아일랜드까지 갔고, 동생은 영국 북단까지 갔습니다."

이 이야기에 숨은 뜻은 무엇일까.

'꿈을 크게 가지면 설령 그것을 이루지 못해도 꿈을 작게 가진 사람보다는 많은 걸 얻는다' 라는 의미일 것이다.

뜻을 이루기 위해 발을 내딛는 사람은 100퍼센트 목적을 달성하지 않아도 출발선보다는 발전한다. 또, 꿈을 향해 노력하는 과정에서 많은 깨달음을 얻는다. 설령 출발하고 얼마 못 가 포기한다 해도 아예 꿈을 가지지 않는 사람보다는 낫다. 어쨌든 한 발짝이라도 걸음을 뗴었으니 다음번에는 두 발짝을 옮길 수 있는 셈이다.

인생은 꿈과 꿈을 잇는 과정이다. 하나의 꿈을 꾸고 그것을 이루고 또 다른 꿈을 꾸고 이루는 경로다. 큰 꿈은 인생을 보다 풍요롭게 하지만 작은 꿈은 인생을 초라하게 한다.

"보잘것없는 형편에 어떤 꿈을 꾼다 한들 비현실적인 몽상일 뿐이다."고 비관하는 사람이 있다. 처한 환경이 너무 열악해 무엇도 이룰 수 없을 거라고 여기는 것이다. 언젠가 사정이 나아지면 그때 도전해야겠다고 생각하는 사람은 평생 무엇도 이루지 못한다.

"사람은 오래 지나고 나서야 비로소 자신의 삶에서 중요했던 순간을 인식한다. 그러나 그때는 너무 늦다."

영국의 추리소설가 아가사 크리스티Agatha Christie의 말이다.

꿈을 이루기 위한 조건이 형성되지 않았다는 생각은 시작하기 전에 미리 헤아려 짐작하는 것뿐이다. 막상 실행했을 때 상황이 어떻게 달라질지는 누구도 예측할 수 없다. 최악의 조건이 사실

최상의 조건이었을지 모르는 일이다. 또, 꼭 갖춰야 할 요소라고 생각한 것이 그리 중요하지 않을 수도 있다.

당장은 현실과 이상에 괴리가 있더라도 꿈을 향해 움직이면 간극은 점차 좁아진다. 포기하지 말고 계속 노력하다 보면 언젠가는 꿈을 이룬 자신과 만날 것이다.

"정확한 선택에 의해 재능이 멋지게 드러난다."
화가 파블로 피카소Pablo Ruiz Picasso의 말이다.

세계적인 성악가 루치아노 파바로티Luciano Pavarotti는 인생의 목표를 정확하게 선택했기에 자신의 재능을 마음껏 드러낼 수 있었다.

1953년 이탈리아에서 태어난 파바로티는 오페라를 좋아하는 아버지 덕에 어릴 적부터 성악에 관심을 갖게 되었고, 아버지의 지원으로 노래에 대한 천부적인 재능을 드러낼 수 있었다.

그는 성인이 되어서도 노래를 좋아했지만 아이들을 더 사랑했기에 사범학교에 진학해 교사의 꿈을 키웠다. 학교에 다니는 중에도 노래 연습을 게을리하지 않고 성악가에게 가르침을 받았다. 학교 졸업을 앞두고 파바로티가 아버지에게 물었다.

"교사가 될까요, 성악가가 될까요?"

"2개의 의자에 동시에 앉으려면 팔걸이를 떼고 의자를 붙인 다음 중간에 걸터앉는 수밖에 없다. 그러니 둘 중 하나를 선택해야겠지?"

파바로티는 교직을 택했다. 그런데 불행히도 교사가 되고 얼마 지나지 않아 경험 부족으로 인해 학교를 떠나게 되었다. 결국 그는 성악가의 길을 갔다.

17세 때, 파바로티는 아버지의 소개로 합창단에 입단해 전국을 돌며 공연을 했다. 그는 자신의 재능을 펼칠 날이 오기만을 기다렸다. 그러는 사이 7년이 지나고, 주위 친구들은 모두 자리를 잡았지만 파바로티는 여전히 어려운 시기를 보내고 있었다. 거기다 성대결절이 생겨 제대로 노래할 수 없는 상황이었다. 모든 걸 포기할 생각도 했지만 그때마다 아버지가 곁에서 그를 독려했다.

그리고 몇 개월 뒤 파바로티는 성악 대회에 나가 좋은 성적을 거두고, 1961년 4월 29일 오페라 《보헤미안》의 주연으로 선발되었다. 이는 오페라 데뷔작이었는데, 그는 공연을 마치고 수많은 관중과 평론가의 환호를 받았다.

그날 이후 파바로티는 성공 가도를 달렸다. 여러 국제 무대에 오르고, 현존하는 최고의 테너로 칭송받았다. 한 기자가 그에게 성공 비결을 묻자 이런 대답이 돌아왔다.

"수많은 갈림길에서 내 재능을 드러낼 수 있는 방향을 선택했기에 가능했다."

헛된 망상과도 같은 꿈을 이루려면 먼저 인생 전반의 목표를 세워 굳혀야 한다. 하나의 꿈을 이루고 끝이 아니라 삶의 전반에 걸쳐 무엇을 추구할 것인지 고민해라. 결론이 나면 그것은 곧 신념이 되어 앞으로 나아갈 방향을 비출 것이다. 쉽게 이룰 수 있는 꿈보다 '과연 해낼 수 있을까.' 라는 생각이 드는 쪽으로 목표를 정해라. 스스로 반문을 거듭할수록 자기 행위의 목적이 뚜렷이 자각되어 힘이 솟고 용기가 생긴다. 그다음에 해야 할 일은 반드시 성공할 거라는 믿음을 가지는 것이다. 여기까지만 마음을 추슬러도 반은 성공한 것이다.

마오쩌둥 어록

초판 1쇄 인쇄 2010년 3월 25일
초판 4쇄 발행 2022년 12월 21일

지은이 장거
옮긴이 박지민
펴낸이 한익수
펴낸곳 도서출판 큰나무
등록 1993년 11월 30일(제5-396호)
주소 10424 경기도 고양시 일산동구 호수로 430번길 13-4
전화 (031) 903-1845
팩스 (031) 903-1854

이메일 btreepub@naver.com
블로그 blog.naver.com/btreepub

값 12,000원
ISBN 978-89-7891-261-7(03320)

잘못 만들어진 책은 구입하신 서점에서 교환하여 드립니다